新时代
〈管理〉
新思维

从0开始学创业

注册财税+运营管理+现金流管控

黄剑锋 —— 著

ENTREPRENEURSHIP HANDBOOK

清华大学出版社
北京

内 容 简 介

在如今愈加开放的市场环境下，越来越多的人选择自主创业。马云曾说过："从创业的第一天起，你每天要面对的是困难和失败，而不是成功。"俗话说"万事开头难"，不管做什么事情都要做好充足的准备，如果没有制订计划，在执行过程中就会出现各种各样的问题。特别是创业初期，各个方面都需要规划，包括注册、财务、运营、招聘、产品设计等，这就要求创业者熟知与创业相关的各个领域的专业知识，避免让自己"摸着石头过河"。

本书是一本创业的"百科全书"，其中的方法和理论均为"干货"，案例充实，没有过多的无用之语，犹如一位老者向青年进行语重心长的劝诫，又好像一位实干的工匠在埋头苦干，以身传授经验，让小白创业者能快速读懂"创业"二字，从而规避创业过程中的风险。

本书封面贴有清华大学出版社防伪标签，无标签者不得销售。

版权所有，侵权必究。举报：010-62782989，beiqinquan@tup.tsinghua.edu.cn。

图书在版编目（CIP）数据

从 0 开始学创业：注册财税＋运营管理＋现金流管控 / 黄剑锋著 . —北京：清华大学出版社，2022.6（2025.4重印）

（新时代·管理新思维）

ISBN 978-7-302-58134-5

Ⅰ.①从⋯ Ⅱ.①黄⋯ Ⅲ.①企业管理—创业 Ⅳ.① F272.2

中国版本图书馆 CIP 数据核字 (2021) 第 088331 号

责任编辑：刘　洋
装帧设计：方加青
责任校对：王荣静
责任印制：曹婉颖

出版发行：清华大学出版社
网　　址：https://www.tup.com.cn，https://www.wqxuetang.com
地　　址：北京清华大学学研大厦 A 座　　邮　编：100084
社 总 机：010-83470000　　邮　购：010-62786544
投稿与读者服务：010-62776969，c-service@tup.tsinghua.edu.cn
质 量 反 馈：010-62772015，zhiliang@tup.tsinghua.edu.cn

印 装 者：大厂回族自治县彩虹印刷有限公司
经　　销：全国新华书店
开　　本：170mm×240mm　　印　张：12.75　　字　数：191 千字
版　　次：2022 年 6 月第 1 版　　印　次：2025 年 4 月第 5 次印刷
定　　价：69.00 元

产品编号：090037-01

前言

如今，全球正处于创业兴盛的时代。自从2015年国家提出"大众创业，万众创新"的理念后，国内的创业热潮更是一浪高过一浪。无数人想要弄潮，但成功的却凤毛麟角，无数初创公司黯然收场。究其原因，很多创业者准备不充分，空有一腔热情，却缺乏创业的专业知识，在创业的路上处处踩"坑"，最终花费了大量的时间、金钱和精力，依旧没能获得成功。

可见，创业者除了要有"一往无前"的冲劲外，还要具备系统的创业知识，以应对创业过程中可能遇到的各种问题。例如，收支不平衡，盈利困难怎么办？分配不合理，员工离职率高怎么办？产品销量低，用户不认可怎么办？公司扩大规模，资金不够怎么办？只有具备了解决这些问题的相关知识的创业者，才能在公司遇到危机时"泰山崩于前而色不变"，沉着冷静地想办法化解危机，而不是束手无策，任由公司倒闭。

本书将创业过程拆分成几个大板块：公司注册、财务工作、人力资源管理、产品研发、营销推广、现金流管理等，为创业者详细分析了创业过程中可能遇到的风险和解决问题的办法。读者在读完本书后可以对创业的具体细节有一个较为详细的了解，从而最大限度地规避创业风险。

本书收入了多个真实的创业案例、多位知名企业家的真知灼见，用通俗易懂的语言，将创业的理论技巧与企业家的操作方法结合在一起，使读者在精读之后可以自行利用有限的时间和资源快速找到创业的突破口，降低创业失败的概率。

本书是读者进行创业的入门手册。读者可以在本书的指导下，尽情挥洒自己的创业热情，将自己的伟大梦想变成现实，拥抱这个新时代。

目录

上篇　注册财税篇

第 1 章　注册流程：夯实基础是首要任务 ··················· 2
1.1　区分自然人、法人、董事、股东 ····················· 2
1.2　选择公司类型：提前做好功课 ························ 4
1.3　确定公司名称：简单易记，朗朗上口 ·············· 5
1.4　确定注册资金的额度 ······································ 7
1.5　填写与提交注册资料 ······································ 8
1.6　注意领证、刻章的相关事项 ··························· 10
1.7　开立基本账户的流程 ······································ 11
1.8　注册商标的流程 ··· 12
1.9　申请领购发票的步骤 ······································ 14

第 2 章　注册常识：从小处着手，把握全局 ··············· 15
2.1　公司与个体工商户的差异 ······························· 15
2.2　注册费用的构成要素 ······································ 17
2.3　所有权与经营权的归属 ··································· 18
2.4　选择代理注册机构的方法 ······························· 19

	2.5	注册地址与办公地址	21
	2.6	盘点公司注册地址的证明材料	22
	2.7	验资时需要的资料	23
	2.8	识别空壳公司的技巧	24

第3章 财务术语：创业者必备基础知识 26

	3.1	权责发生制	26
	3.2	应付/应收账款及其周转天数	26
	3.3	资产周转率与资产负债率	28
	3.4	直接成本与间接成本	29
	3.5	账面价值与账面净值	30
	3.6	自下而上的预算编制	31
	3.7	投资回报率与销售回报率	31
	3.8	成本收益分析	32
	3.9	经济增加值	33
	3.10	财务杠杆	33
	3.11	财务报表三要素	33
	3.12	总分类账	35

第4章 财务重点：公司要把好"钱"关 36

	4.1	现金结算与银行结算	36
	4.2	代理记账与专职会计	37
	4.3	会计凭证与会计账簿	39
	4.4	账户与记账方法	40
	4.5	发票和报销事宜的处理办法	41
	4.6	入账有时差怎么办	43
	4.7	固定资产和库存管理	44
	4.8	公司需要缴纳的税款	46

第5章 巧妙避税：能省的部分一定要省 50

	5.1	通过技术入股的方式避税	50
	5.2	把重心放在电子商务上	51
	5.3	重新进行流程设置	52

5.4	不要让合同随意作废	52
5.5	只要有进项，就得有发票	53
5.6	无论如何不能耽误报税工作	54
5.7	不要小看坏账的作用	55
5.8	公司是否需要为预收账款纳税	56
5.9	办公场地：租赁优于购买	58
5.10	做慈善性捐赠有技巧	59
5.11	多准备、多沟通，减少罚款	60

中篇　运营管理篇

第6章　项目为王：没有好项目，创业只能屡屡失败 …… 64

6.1	为什么10%以下的利润率很难生存下去	64
6.2	既要低成本，又要高毛利率	65
6.3	轻投入，又要有一定门槛	68
6.4	发现好多同行都赚到了钱	69
6.5	不一定能做大，但能小富	72
6.6	如何用最土的办法找到好项目	73

第7章　模式模仿方法论：将考察的公司复制下来 …… 77

7.1	生存都是问题，何谈创新	77
7.2	同行不同利，跨年利不同	79
7.3	形易模仿，公司的"魂"是什么	81
7.4	"饿死师傅"为什么是必然	85
7.5	如何将局做大，将模式学透	87

第8章　开公司初期，低调为公司省大钱 …… 91

8.1	"开张酒"可以一年后再喝	91
8.2	请不起财务，代理记账公司一样做	94
8.3	选择好办公地址	96
8.4	二手办公设备，先省七成再说	98
8.5	人员少、能力弱没事，能先干着就行	100

第 9 章　产品品质度：对于多数老板来说，极致是一条不归路 …… 104
9.1　产品品质标准设计 …… 104
9.2　产品品质检测流程设计 …… 107
9.3　在保证库存的基础上提高产品质量 …… 109
9.4　多出品与出一品 …… 112
9.5　客户说可以，就可以 …… 115
9.6　先"活"下来，再提升 …… 120

第 10 章　营销推广：多渠道营销，以业绩为先 …… 124
10.1　"人海战术"是理想状态 …… 124
10.2　3 个人如何做到 10 个人的结果 …… 126
10.3　不是每一份投入都有效 …… 128
10.4　寻找新的利润来源 …… 131
10.5　产品分级销售价格设计 …… 133

第 11 章　招聘面试：双方都满意，不必大材小用 …… 135
11.1　招聘简介如何写才不亏员工，不亏公司 …… 135
11.2　公司坚决不录用的红线 …… 136
11.3　80% 的简历可以直接删除 …… 138
11.4　面试公式化，画好条条框框 …… 139
11.5　现场面试流程及注意事项 …… 142
11.6　入职手续办理不严格，风险到底在哪里 …… 146

第 12 章　员工培训：复制一种基础性能力 …… 148
12.1　强化记忆、强化操作是快速精通的方法 …… 148
12.2　培训人员如何做示范 …… 149
12.3　新人复述 …… 151
12.4　复述—找错—复述—找错—标准 …… 151

第 13 章　管理宽严有度：让员工有压力、有动力 …… 153
13.1　有效开会：有目标、有流程、有反馈 …… 153
13.2　"三跟"：日跟进、周跟进、月跟进 …… 155
13.3　年终奖捆绑绩效 …… 156
13.4　季度奖如何发放才有效 …… 159

下篇 现金流篇

第 14 章 现金流管理：公司命脉由自己决定 ········· 162
- 14.1 永远要清楚你账户里的现金额有多少 ········· 162
- 14.2 算出你的每月资金消耗率，在日历上对这些数字进行标示 ········· 163
- 14.3 立即催款，千万不要假设客户正在向你的账户打款 ········· 164
- 14.4 请求客户支付预付款和定金 ········· 167
- 14.5 6 个月生存线 ········· 169
- 14.6 3 个月死亡线 ········· 170

第 15 章 守攻两本账：给自己算账 ········· 173
- 15.1 亏损与盈利问题归根结底是算账的问题 ········· 173
- 15.2 什么账不应该算 ········· 174
- 15.3 年度账要看什么 ········· 175
- 15.4 应收账款不计为收入，应付账款计为支出 ········· 177

第 16 章 极力压缩支出：砍成本、裁成员、撤项目 ········· 178
- 16.1 当现金耗尽时，损益表可以被称作虚构的统计数据 ········· 178
- 16.2 面对现金流的问题，永远要做一名保守者 ········· 179
- 16.3 砍掉 40% 的支出 ········· 180
- 16.4 砍掉无法直接盈利的模块 ········· 182
- 16.5 砍、裁、撤的极限 ········· 184

第 17 章 年轮生长：由松到密，每一步都算数 ········· 186
- 17.1 无根之木，即使爆发也不长久 ········· 186
- 17.2 精益创业，每天都用心工作 ········· 188
- 17.3 将 8 个小时全部用在工作上 ········· 190
- 17.4 用研究的方法去做工作 ········· 191

上篇
注册财税篇

第1章
注册流程：夯实基础是首要任务

注册公司是创业的第一步，也是关键一步，其要点包括公司名称、商标、内部结构等基础架构。本章将详细介绍公司注册流程，为创业者夯实创业知识基础。

1.1 区分自然人、法人、董事、股东

在公司的运营过程中，创业者经常接触到自然人、法人、董事、股东等概念，如果对其不够了解，那么在公司的注册过程中就可能遇到一些阻碍。

1 自然人

自然人是最基本的民事主体，世界各个国家和地区的民法都有关于自然人的规定。2020年5月28日第十三届全国人民代表大会第三次会议表决通过的《中华人民共和国民法典》自2021年1月1日起实行，其中第十七条规定："十八周岁以上的自然人为成年人。不满十八周岁的自然人为未成年人。"

民法中的自然人首先是具有自然生物属性的人，其从出生开始就获得了民事主体资格；其享有法律赋予的权利，相应的必须履行法律规定的义务。

2 法人

法人并不是指具体的人，而是指具有民事权利能力和民事行为能力，依法独立享有民事权利和承担民事义务的组织。法人独立承担民事责任，因为其拥有独立财产这一性质，所以需要对自己组织的活动负责。

3 董事

董事也称执行董事，是由公司股东（大）会或职工民主选举产生的具有实际权力和权威的管理公司事务的人员，董事并非只有一个人，而通常有几个至十几个人。他们有两个方面的职责，即对内负责管理公司事务，对外代表公司进行经济活动。

担任董事的具体人员可以是公司股东，也可以是非股东。董事的任期由公司章程决定，一般来说分为定期和不定期两种。董事的实际任期可能会因为董事违反股东大会的决议、股份转让、主动辞职、公司破产等因素而发生改变。

还有一个与董事相近的概念，即独立董事。他们不是公司股东，且不在公司内部任职，也不与公司或公司的经营管理人员存在业务关系，但是他们能对公司的事务作出独立判断。独立董事在公司的重大决策中往往能发挥重要作用。

4 股东

在股份有限公司或有限责任公司中，股东是持有股份的人，也是公司的出资人。股东构成的股东大会是公司的最高权力机构，股东有权出席股东大会并拥有表决权。在其他合资经营的工商企业中，股东也指投资人。

公司股东以出资额为依据对公司承担责任，并享有收益分配权、重大经营决策权和选择经营管理者的权利。一个规范运作的公司的股东应具备下列特征，如图1-1所示。

公司股东的特征体现出的意义如下所述。

（1）股东在公司章程上签名盖章的行为表达了行为人作为公司股东的真实意愿。

（2）股东向公司履行承诺的出资额是股东对公司最重要的义务。如果股东不履行出资义务，就要负相应的民事责任和行政责任，但不必否定其股东资格。

特征一	在公司章程上被记载为股东,并在公司章程上签名盖章
特征二	向公司投入在章程中承诺投入的资产,实际履行出资义务
特征三	在工商行政机关登记的公司文件中列名为股东
特征四	在公司成立后取得公司签发的出资证明书
特征五	被载入公司股东名册
特征六	在公司中享有资产收益分配、重大经营决策和选择经营管理者等权利

图 1-1 公司股东的特征

（3）在工商行政管理部门登记,其本质上属于证权性登记。股东拥有对善意第三人宣示股东资格的证权功能。

（4）出资证明书是一种物权性凭证,用于证明股东已经出资的既定事实。

（5）股东名册具有权利推定力,因此股东无须向公司出示相关依据。

（6）享有股东权利是取得股东资格的结果。

1.2 选择公司类型：提前做好功课

无论是新手还是有多年公司经营管理经验的创业者,在注册一个新公司之前都需要确定公司的类型,这是注册公司的第一步。根据《中华人民共和国公司法》（以下简称《公司法》）的规定,我国的公司类型有两种,即有限责任公司和股份有限公司。这两种公司类别除了名称有别外,在经营范围、发起人数、所承担的责任、资金筹集方式、股份划分方式以及股权转让条件等方面也都存在着不同之处。

有限责任公司的经营范围一般小于股份有限公司的经营范围。在发起人数方面,有限责任公司的发起人同时也是出资人,且出资人的数量限制在50人及以下。股份有限公司的出资人是公司的股东,但不一定是发起人。发起人的数量在 2 人以上，200 人以下。同时，发起人中有半数以上必须在中国境内有住所。

有限责任公司与股份有限公司的出资人都被称为公司的股东，但这两种不同类型的公司的股东对公司承担的责任的标准有所不同。前者以其认缴的出资额为依据对公司承担有限责任，后者则是以其认购的股份为依据。这也就意味着股东认缴的出资额或股份越多，所承担的责任就越大。

在资金的筹集方式方面，股份有限公司通过公开发行股票、公开募集资金的方式筹集资金，而有限责任公司只能通过向股东发行债券或向银行贷款的方式来筹集资金。关于股份划分的方式，股份有限公司是将公司全部资本等额划分成股份，而有限责任公司则是将公司的股份按照出资人的出资额进行划分。在股权转让时，股份有限公司没有限制，股东可以自由转让；有限责任公司的股东想要转让股权，则需要公司半数以上的股东同意。

在我国经营的公司中，还有无限公司和两合公司这两种类型。无限公司的发起人在 2 人及以上，并且这些发起人对公司的债务承担无限责任。而两合公司则由 1 个以上的有限责任公司股东和 1 个以上的无限责任公司股东组成，一般情况下，公司的经营权在无限责任公司股东手中。

确定公司的类型有助于创业者后期开展资金筹集以及股权转让工作。另外，先确定公司类型也便于创业者在工商局注册时填写、递交符合规范的资料。

1.3 确定公司名称：简单易记，朗朗上口

确定公司类型之后，创业者接下来应该为公司取一个名称。公司名称是公司的身份象征，是与其他公司相区别的标志。一个合适、合法的名称能够彰显公司的特点，且有助于公司以后的业务洽谈进行得更加顺利。所以，这是一个很重要的步骤。

《企业名称登记管理规定》第六条规定："企业名称由行政区划名称、字号、行业或者经营特点、组织形式组成。跨省、自治区、直辖市经营的企业，其名称可以不含行政区划名称；跨行业综合经营的企业，其名称可以不含行业或者经营特点。

根据这个规定，公司名称一般由字号或商号、行业经营特点、组织形式、公司所在地的行政区划名称这4个部分组成。例如，"百度"的全称是"北京百度网讯科技有限公司"。"北京"是其所在地的行政区划名称，"百度"是其商号，"网讯科技"是其行业特点，"有限公司"是其组织形式。由此可见，公司名称中最重要的就是商号。

由于公司名称是与其他企业相区别的标志，所以在注册公司时，公司的名称与商标一样，不能出现重复现象。因此，在确定了公司名称之后，创业者还应在当地工商局官网中对其进行查询，确保该名称具有唯一性。登录当地工商局官网后，再进入"信用查询"，即可查询当地所有已经注册过的企业名称。

公司的名称是外界了解公司的首要途径，起着门户的作用。因此，为了让公司名称能在公司经营中发挥更大的宣传作用，创业者在为公司取名时要注意4个原则，即公司名称与品牌、商标的统一性，原创、独特性，传播性，吉利性。

1 公司名称与品牌、商标的统一性

一个公司要想得到长足发展，就必须用优质的产品打造品牌效应。为了凸显公司的产品，增强公司的品牌效应，创业者可以考虑将公司名称与产品品牌及产品商标统一起来。这样当别人看见公司名称时，就会想起公司的产品，公司的竞争力因此得到有效提高。

2 原创、独特性

小米手机风靡全国之后，有人模仿小米创立了小辣椒。但小辣椒并没有像小米一样迅速崛起，反而很快退出了市场。其原因在于，这个企业不论是产品还是公司名称都在模仿别人，缺乏原创性，结果不仅让消费者很难记住其品牌，还给人留下了"山寨品"的印象，自然无法

超越原有品牌。可见，公司名称的原创性非常重要，它代表了公司的"性格"。

3 传播性

公司要发展，就需要将影响力扩大到数量更多、范围更广的用户群体之中，所以加强公司名称的传播性也非常重要。为了增强传播性，公司名称需要简单明了、易读易记，如"立白""老干妈"，这些名称既形象，又通俗易懂。

4 吉利性

生意人都喜欢图个吉利，在洽谈业务、寻找合作伙伴时也有可能关注对方公司名称的吉利性。因此，创业者在为公司取名时，也要将该因素考虑进去。一个吉利的公司名称更容易吸引合作伙伴。

在不同的城市中，工商局对公司名称的规定可能略有差别。所以，为了避免违规，创业者可以提前登录当地工商局官网或直接去工商局了解有关规则，再结合以上提到的原则，为公司取一个合法、合适的好名称。

1.4 确定注册资金的额度

在注册新公司时，一定会涉及注册资金的问题。注册资金究竟意味着什么？它是否与公司需要承担的风险成正比？它是否有额度的限制？本节就这些问题为大家答疑解惑。

自 2013 年颁布新《公司法》以来，新公司注册已经不存在注册资金额度限制问题。这也就意味着国家放宽了对公司注册的要求，鼓励创业者开公司、自主创业。虽然新《公司法》中的规定降低了公司设立的门槛，但同时也为创业者的公司注册工作带来了疑惑，因为许多创业者不知道注册资金额度究竟填写多少才最合适。

目前的情况是 1 亿元能注册公司，1 元也能注册公司。从而产生了一种不良现象，有一些并非出于创业需要的人也纷纷注册了公司，而且其中有不少是骗子公司。也就是说，新《公司法》在为创业者提供宽松的创业环境的同时，也让骗子公司有了生存发展的土壤。

大众普遍认为公司的注册资金额度在一定程度上反映了一家公司的实力。注册资金额度越高，也就表示该公司的经济实力越雄厚。但在新《公司法》中，这两者之间并不完全呈正相关关系，因为新公司注册有注册资本，还有实收资本。虽然新《公司法》对注册资本没有限制，但实收资本会真实反映出公司实际的出资额。所以，妄想用高额注册资本夸大公司实力的做法是不可取的。

与其说注册资金额度与经济实力成正比，不如说其与风险成正比。根据《中华人民共和国印花税暂行条例》规定，公司注册登记后，办理税务登记手续时还要缴纳注册资本（金）万分之五的印花税。另外，公司一旦进入破产偿债程序，就要以注册资金为限清偿债务。

总体来看，公司的注册资金额度并非越高越好，而是要根据创业者所从事的行业、行业的发展趋势以及业务范围等因素来确定。

1.5 填写与提交注册资料

确定好公司的类型和名称后，创业者即可去市场监督管理局申请注册（或可直接在网上申请注册）。在这个过程中，创业者需要填写注册资料。公司类型的不同，注册资料的填写也有所不同，这就是要先确定公司类型的意义之所在。下面介绍股份有限公司及有限责任公司的注册资料的填写内容。

1 股份有限公司

公司名称、经营范围、法人代表、注册资金、出资比例、证件材料、公司固定电话、股东电话等内容是股份有限公司的注册资料中会涉及的。

如果创业者拟定的公司名称已经经过了核查，那么可以直接使用；如果没有经过核查，那么创业者需要多准备几个备用名称，以防因重复或违规而导致公司无法注册。

公司的经营范围要如实填写，因为新公司注册之后，注册地市场监督管理局会不定期地对其进行检查。如出现实际经营范围与注册资料不一致的情况，则公司会面临处罚。另外，经营范围不同，公司注册所需要提供的许可证件也不同。

法人代表是负责对外行使公司权利并对此负有民事责任的人，其姓名需要在注册资料中填写清楚。

凡是在市场监督管理局注册过的公司，其信息都会公示在当地市场监督管理局官网的信用查询系统中。这既有助于大众对公司进行监督，也有利于扩大公司知名度。因此创业者有必要详细填写注册资金、出资比例、公司固定电话、股东电话等信息。

另外，公司注册地址的房产证以及房主身份证复印件（单位房需要在房产证复印件及房屋租赁合同上加盖产权单位的公章，居民住宅需要提供房产证原件）是需要提交的注册材料，股东的身份证原件也是必要的注册材料之一。

2 有限责任公司

有限责任公司在注册时，所要填写的资料基本与股份有限公司类似，唯一不同的是，有限责任公司还需要填写一份发起人协议。由于有限责任公司的股份不是按照等额分配的原则划分的，因此其股东的责任和义务是不明确的。在这种情况下，就需要依据发起人协议来规定各股东的责任和义务。

填写好注册资料后，下一步就是提交注册资料。创业者在向当地市场监督管理局申请注册公司时，当地市场监督管理局会发放各种登记表格，如注册申请表，股东（发起人）名单，法定代表登记表，董事、经理、监理情况，指定代表或委托代理人登记表等。创业者需要按照要求，将这些表格一一填写清楚。

在向当地市场监督管理局提交注册资料时，不仅要提交以上提到的各种表格，还需要提交公司章程、核名通知、主要经营场所证明文件等必要的资料。创业者提交上述资料后，还需等待当地市场监督管理局对这些资料进行审核，待审核通过之后，注册工作才算真正完成。

1.6 注意领证、刻章的相关事项

一般来说，登记机关会当场对申请材料进行形式审查。对申请材料齐全、符合法定形式的，予以确认并当场登记。不能当场登记的，会在 3 个工作日内予以登记。情形复杂的，经登记机关负责人批准，可以再延长 3 个工作日。申请材料不齐全或者不符合法定形式的，登记机关会一次性告知申请人需要补正的材料。如果登记成功，就意味着新公司得到了法律许可，有资格开业运营。创业者下一步就需要领取营业执照，并为公司刻制公章。

公司的印章包括公司公章、财务专用章、合同专用章、法人私章、发票专用章、其他股东私章、报关章、部门章等。其中前 5 枚印章是任何一个公司都必不可少的，而后 2 枚印章则可以依据公司的实际需要刻制。

需要注意的是，公司在刻制公司公章、财务专用章、发票专用章之前，需要向公安局备案，待收到公安局发送的刻章密码后，才可以刻制这 3 枚印章。这 3 枚印章代表着公司的权利，其中又以公司公章的效力最大。公司的税务登记、行政文书的签发、开具证明都要加盖公司公章后才具有法律效力。

任何一个公司都会与银行有业务上的往来，而财务专用章就用于此类业务。公司在银行开具的凭据、支票、汇款单都需要加盖财务专用章才可生效。

合同专用章是公司在签订业务合同时需要使用的印章。对于创业者来说，为了降低印章遗失、滥用带来的风险，公司成立初期可以直接用公司公章代替合同专用章使用。

在公安局备案过的公司印章具有法律效力，因此公司管理者需要审慎使用公司印章，最好将公司印章交由专门部门保管，并且明确印章管理者的职责。当需要用到公司印章时，遵循先签字后盖章的原则。

1.7 开立基本账户的流程

新注册的公司需要开立一个基本存款账户。基本存款账户是办理转账结算和现金收付的主要账户。除此之外，该账户还可负责公司经营活动的日常资金收付以及工资、奖金和现金的支取。另外，开立其他银行的结算账户也需要以这一基本账户为前提。按照规定，一家公司可以以一位法人代表的名义选择一家银行开立一个基本账户。

申请开办基本账户时需要准备好以下几类材料。

（1）营业执照正本。

（2）营业执照副本。

（3）法人代表身份证原件。

（4）公司公章、财务专用章、法人代表私章。

（5）办公地址证明文件原件或复印件（租赁合同、房屋产权登记证书或其他证明资料）。

（6）代办人身份证原件。

（7）公司章程。

（8）股权结构中股权占比超过25%的股东身份证复印件。

准备好以上材料后，经办人就可以携带材料去银行开立基本账户，流程如下。

1 提交证明

不同性质的单位需要向银行提交不同的证明资料。例如，全民和集体所有制工商企业必须向银行提交其主管部门的证明以及营业执照，个体工商户则只需要向银行提交营业执照。

2 填写申请书

银行会对申请人提交的证明进行审查，审查通过，即发放基本账户开立申请书，申请人按照规定认真填写，填写完成后，需加盖公司公章，交由银行工作人员审查。

3 填写印鉴卡片

印鉴卡片是单位与银行事先约定的一种付款的法律依据，申请人在填写印鉴卡片时要盖上公司公章和财务经办人员的私章。此后，银行为该公司办理结算业务时会比对印鉴卡片上的内容，如有不一致的情况，银行会拒绝办理付款结算业务，从而切实保护公司的财产安全。

如果公司出现人事变动情况，则可以去银行申请注销原有预留印鉴，启用新的预留印鉴。自2005年下半年起，大多数银行开始使用密码器生成密码。因此银行可能会要求申请人购买一个密码器，价格在280元左右，为了公司的资金安全，这笔钱是不能省的。

1.8 注册商标的流程

注册商标需要以国家有关法律法规的规定为依据进行，其具体步骤如下。

1 商标查询

为了确保自己注册的商标是独一无二的，提高注册通过率，注册者需要提前查询是否已有相同或相似的商标被注册过。注册者可登录国家知识产权局中国商标网进行查询，诸如"周住牌"和"雕牌"这样的商标名称，就属于相似的范畴。

2 能否注册

一旦发现有相同或相似的商标存在，那么注册者应重新策划一个商标，否则商标不仅可能在后续审查中被否决，还可能涉嫌侵权。

另外，根据有关法律法规的规定，依法成立的公司、事业单位、社会团体、个体工商业者、个人合伙，或者与中国签订协议、与中国共同参加国际条约、按对等原则办理的国家的外国人或者外国的公司，才有申请商标注册的资格。

3 准备资料

国内法人或其他组织注册商标之前,需要准备以下资料。

（1）按照规定填写打印的《商标注册申请书》并加盖申请人公章。

（2）身份证明文件复印件。

（3）商标图样。

4 提交申请

国内法人或者其他组织在注册商标网上申请系统后,可以自行在线提交商标注册申请。首先,阅读《商标注册网上申请暂行规定》,点击"我接受";然后,将国家知识产权局商标局颁发的USB-Key插入电脑端口,在"用户登录"栏输入PIN码,点击登录;进入商标网上申请系统后,点击注册申请;接着,查看商标注册网上申请填写要求,选择申请人类型;再按照《商标注册网上申请填写要求》填写"申请人信息""商标声明"等信息;最后,点击确认,扣费成功即为提交成功。

5 形式审查

申请提交以后,申请人只需耐心等待审核通知。一般情况下,提交申请后的10～20天左右,申请人便可以收到申请受理通知书。

6 实质审查

形式审查完毕后,进入实质审查阶段,这个过程通常需要4～6个月才能得出审查结果。

7 异议期间

如果实质审查合格,就进入公示期,时间为3个月。

8 完成注册

公示期满,如果无人提出异议,申请人就可以拿到商标注册证了。

1.9 申请领购发票的步骤

发票是公司运营环节中不可缺少的一部分，也是公司缴税、纳税的凭证。目前，税务改革在朝着即时办结、方便办税的方向发展，许多地方都优化了申领发票的流程，还特别开通了网上申领渠道，让经办人足不出户就能申领发票。

申请人首次申领发票，需同时满足以下条件。

（1）经办人、法定代表人已进行实名信息采集和验证。

（2）申请人有开具增值税发票的需求，主动申领发票。

（3）申请人按规定办理税控设备发行等事项。

申请人首次申领发票需要完成发票票种核定、增值税专用发票最高开票限额审批、增值税税控系统专用设备初始发行、发票领用等工作。

下面介绍更加简便的网上申领发票的步骤（不同的地区申领流程会有差异，申请人需要时刻关注当地税务局发布的信息）。

（1）登录电子税务局，进入发票管理页面，点击发票领用，填写相关信息。另外，申请人可以根据需要在前往税务大厅领取、邮政快递寄送和回单柜领取三种模式中选择一种取票方式。

（2）选好领取方式之后，点击"新增"，即可选择申领发票的数量。

（3）如果申请选择邮政快递取票，还需要填写收件地址。点击"使用其他地址"，即可添加新地址。

申请人需要注意的是，如果申领的是增值税专用发票或增值税普通发票，还需要在"增值税发票税控开票软件"读取发票信息后，才可以开具发票。

第2章
注册常识：从小处着手，把握全局

创业者在注册公司的过程中，稍不留意就会踩中许多"坑"。本章讲述注册过程中的小常识，帮助创业者从小处着手，降低注册过程中的风险。

2.1 公司与个体工商户的差异

创业者经常无法选择注册个体工商户还是公司，其实公司与个体工商户在申请注册、规模、税收、承担责任、优惠政策等方面有很多不同之处。下面详细说明公司与个体工商户的差异，主要包括以下几个方面，如图2-1所示。

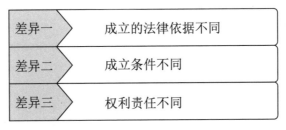

图2-1 公司与个体工商户的差异

1 成立的法律依据不同

（1）个体工商户依据《个体工商户条例》成立并规范其运行。

（2）公司依据《公司法》成立并规范其运行。

2 成立条件不同

1）名称不同

（1）《公司法》第八条规定："依照本法设立的有限责任公司，必须在公司名称中标明有限责任公司或者有限公司字样。依照本法设立的股份有限公司，必须在公司名称中标明股份有限公司或者股份公司字样。"《中华人民共和国市场主体登记管理条例》第十条规定："市场主体只能登记一个名称，经登记的市场主体名称受法律保护。市场主体名称由申请人依法自主申报。"

（2）个体工商户经营者的姓名可作为登记名称中的字号使用，但不得用"中国"等字词。个体工商户名称由行政区划、字号、行业、组织形式依次组成。个体工商户名称中的行业应当反映其主要经营活动内容或者经营特点；名称中的组织形式可以选用"厂""店""馆""部""行""中心"等字样，但不得使用"企业""公司""农民专业合作社"等字样。

2）投资主体不同

（1）公司的投资主体是组织或自然人。

（2）个体工商户的投资主体是有经营能力的自然人或家庭。

3）财务核算要求不同

（1）公司必须有健全的财务、会计制度。

（2）个体工商户没有财务制度要求。

3 权利责任不同

1）法律主体不同

（1）有限责任公司和股份有限公司的法律主体是公司。公司是有法人资格的，有独立的法人财产，享有法人财产权。

（2）个体工商户的法律主体是个人或家庭，不具有法人资格。

2）对债务承担的责任不同

（1）公司对债务承担的是有限责任，债务超过注册资金，则公司可以申请破产。

（2）个体工商户对债务承担无限责任，必须清还债务。《中华人民共和国民法典》第五十六条规定："个体工商户的债务，个人经营的，以个人财产承担；家庭经营的，以家庭财产承担；无法区分的，以家庭财产承担。"

3）缴纳税费不同

（1）根据《个体工商户建账管理暂行办法》第二条规定："凡从事

生产、经营并有固定生产、经营场所的个体工商户，都应当按照法律、行政法规和本办法规定设置、使用和保管账簿凭证，并根据合法、有效凭证记账核算。"可见，个体工商户与公司一样，要有账簿。税务局对个体工商户征收税费的方式分为定额征收和查账征收，个体工商户需要缴纳增值税、城建税、教育费附加、个人所得税。

（2）公司须缴纳企业所得税，个体工商户不用缴纳此项。

4）公司可以设立分支机构，个体工商户不能设立分支机构。

2.2 注册费用的构成要素

注册费用是公司注册工作中的第一个关键点。那么，注册费用究竟由哪些部分构成呢？本节将进行详细解答。

1 注册资金

《市场主体登记管理条例》第十三条规定："除法律、行政法规或者国务院决定另有规定外，市场主体的注册资本或者出资额实行认缴登记制，以人民币表示。出资方式应当符合法律、行政法规的规定。公司股东、非公司企业法人出资人、农民专业合作社（联合社）成员不得以劳务、信用、自然人姓名、商誉、特许经营权或者设定担保的财产等作价出资。"因此，创业者需要根据自己的能力以及行业资质要求选择合适的认缴金额。

但认缴不等于不缴，《公司法》第三条规定："有限责任公司的股东以其认缴的出资额为限对公司承担责任；股份有限公司的股东以其认购的股份为限对公司承担责任。"由此可见，股东需要对其认缴的全部资本负责，作为股东的创业者如果盲目选择注册金额，那么很有可能会在公司解散时承担法律责任。

2 注册登记费

《市场主体登记管理条例》第六条规定："国务院市场监督管理部

门应当加强信息化建设,制定统一的市场主体登记数据和系统建设规范。"第七条规定:"国务院市场监督管理部门和国务院有关部门应当推动市场主体登记信息与其他政府信息的共享和运用,提升政府服务效能。"

为了贯彻执行该规定,很多城市试行电子签章、电子营业执照,零收费,有效提升了注册登记的效率,降低了企业成本。此外,《国务院办公厅关于加快推进电子证照扩大应用领域和全国互通互认的意见》中明确了三点:电子证照扩大应用领域,提升电子证照应用能力,电子证照、电子印章全国互通互认。这意味着我们将逐渐摆脱实体证件的束缚,进入更便捷的证件信息化时代。

3 刻章费

一个公司必须有公司公章、法人章、财务章(公安局备案的上网章)。如果将印章交由刻章公司制作,则一套公章的费用在500元左右(注册城市不同,价格略有差异,如北京的刻章费用是300元)。

4 银行开户费

各银行对企业开立基本户的收费标准有差别,创业者可以根据实际需求自行选择。

以上就是关于新公司注册费用构成的明细。创业者了解这些内容后,就不至于发生被代理注册公司蒙骗的情况。

2.3 所有权与经营权的归属

任何一家公司都会涉及到两种权利,即所有权与经营权。所有权是针对股东而言的,即公司是属于股东的,股东对公司拥有所有权;而经营权则是针对法人与公司管理者而言的,即这些人对公司的管理和运营情况负责,拥有公司的经营权。

在现代企业制度中,尤其是在股份有限公司中,为了确保公司的运营效果,大多数公司基本上实行所有权与经营权分离的运营模式。

虽然股东拥有雄厚的财力，负责公司的资金来源，但事实上，股东并不一定拥有较专业的公司管理运营知识和经验。而现代企业运营对经营管理者的专业水准要求非常高，因此，为企业出资的人，并不一定是最适合管理企业的人。

从另一个角度来看，大型股份有限公司的股东往往较多。如果让每一个股东都拥有公司的经营权，那显然会造成管理权利过于分散的局面，最终导致公司运营效率低下。相反，让公司的股东组成董事会，然后聘请专业的管理人员负责公司的运营，这样就能保证公司的运营效率，有利于公司的长远发展。

周毅是北京一家日用品生产公司的老板。这家公司是他爷爷一手创办的，后来由他父亲打理。周毅的父亲年纪大了，就顺理成章地将公司转交到了周毅手中。对于这个家族企业来说，周毅既是所有人，也是公司的经营管理者，即周毅同时拥有公司的所有权和经营权。在这种情况下，公司的大小事情都由周毅一人说了算。

一次，周毅本来约好了一位大客户洽谈产品供应问题，但由于出差遇到了意外状况，耽误了行程，所以没有及时回到公司。而公司又没人有决策权，最终导致这单大生意泡了汤，给公司带来了重大的经济损失。

其实，像这样一个人说了算的企业有很多，它们的共同弊端就在于所有权与经营权过于集中。

不可否认的是，当两种权利分离时，可能会出现经营管理者以权谋私的现象。但这毕竟是小概率事件，创业者不能"捡了芝麻，丢了西瓜"。所以，两种权利的分离更有利于实现公司资产增值的目标。

2.4 选择代理注册机构的方法

公司的注册工作并非一定要亲力亲为。有时，将这些工作交由专门的公司来做，反而省时、省力、省钱。如今出现了很多代理注册公司，为新手注册公司提供了极大的方便。但是，代理注册公司的质量良莠不齐，创业者应如何挑选一个可靠的代理注册公司呢？

通过对新闻报道和网络曝光的假代理注册公司的特征进行总结，作者归纳出了十种辨别代理注册公司质量的实用方法。创业者可以根据以下方法判断代理注册公司的情况，从而作出选择。

（1）查看其营业执照。没有营业执照的代理注册公司一定是假冒公司，可以直接对其否决。

（2）查看其营业执照上的具体内容。凡是名称为"×××咨询中心""×××咨询有限公司""×××顾问有限公司""×××投资有限公司""×××财务有限公司"，而不是"×××登记注册代理事务所"的，可以直接对其否决。

（3）查看其营业执照上的注册地址与实际办公地址，如两者不一致，我们基本可以判断其为假冒公司。

（4）查看营业执照上的经营范围，如果没有注明"公司登记注册"的，则可以直接对其否决。

（5）在市场监督管理局门口主动推荐且没有固定电话的公司，通常是不值得信任的。

（6）对宣传广告上的代理注册公司，要核实其实际办公地址是否与宣传地址一致。如不一致，则该公司很有可能是"黑代理"。

（7）对以个人名义承揽业务的代理注册公司要谨慎对待。《北京经纪人协会企业登记代理执业注册管理办法》规定："代理人员不得以个人名义执业，不得同时在两个（含）以上的代理机构执业。代理人员离开代理机构，注册证无效。"

（8）查看代理注册公司的代理员的代理证、身份证、学历证明，最好让对方出示证件原件。如果对方在此事上表现出犹豫的态度，那么我们可以果断放弃这家代理注册公司。

（9）对打着国家市场监督管理总局或地方市场监督管理局的名号，或打着专利代理机构的名号的代理注册公司，要谨慎对待。

（10）如果代理注册机构提出事先收取定金，那么我们可以肯定它是假冒公司，果断放弃合作。

总而言之，创业者在选择代理注册公司时，要对其进行全方位了解，可以去网上搜索口碑较好、规模较大的代理公司，千万不要为了贪图便宜，而选择地理位置较偏、规模较小的公司，以免"竹篮打水一场空"。

2.5 注册地址与办公地址

在公司的注册以及实际运营过程中，可能会出现注册地址与实际办公地址分离的情况。其原因可能是公司规模扩张，也可能是原地址拆迁等。不管是何原因，创业者需要关心的是这样做是否符合法律法规的要求。如果因为迫不得已的原因必须实行注册地址与办公地址分离，该如何解决？本节就对该问题做出解释。

《公司法》第十条规定："公司以其主要办事机构所在地为住所。"也就是说，公司的营业执照经营地址就是办公地址。市场监督管理局对公司进行检查时，也是以营业执照上的经营地址为依据的。除此之外，《中华人民共和国市场主体登记管理条例》（以下简称《市场主体登记管理条例》）明确要求经市场主体登记机关登记的公司住所或主要经营场所只能有一个。由此看来，公司的注册地址不能与经营地址分离。

事实上，《市场主体登记管理条例》对公司的经营场所并没有数量上的限制，但规定："市场主体变更住所或者主要经营场所跨登记机关辖区的，应当在迁入新的住所或者主要经营场所前，向迁入地登记机关申请变更登记。迁出地登记机关无正当理由不得拒绝移交市场主体档案等相关资料。"且《公司法》也规定："公司营业执照记载的事项发生变更的，公司应当依法办理变更登记，由公司登记机关换发营业执照。"因此，如果出现了公司注册地址必须与办公地址分离的情况，企业负责人应及时按照《公司法》及《市场主体登记管理条例》依法对新的办公地址进行登记注册。具体来说，企业负责人有两种可供选择的途径：第一，变更工商登记，将公司的注册地址变更为经营所在地；第二，设立分公司。

因此，创业者在登记注册公司后，如果又发现了更合适公司经营的地点时，可以按照有关法律法规及时进行新的登记注册工作，然后放心地将公司迁移到新的办公地址。

2.6 盘点公司注册地址的证明材料

《市场主体登记管理条例》规定，申请办理市场主体登记，应当提交住所或者主要经营场所相关文件。因此，注册者在市场监督管理局进行注册登记时，需要出示相关材料以证明公司注册地址符合法律法规的要求。

一般来说，可以作为公司注册地址证明材料的有以下11类。

（1）房屋所有权证复印件。

（2）国有土地的土地使用权证复印件。

（3）房屋管理部门颁发的房屋租赁许可证复印件。

（4）土地管理部门颁发的土地使用权租赁许可证复印件。

（5）属于国有土地上新建的房屋，尚未领取房屋所有权证或土地使用权证的，则提供建设部门颁发的建筑施工许可证复印件。

（6）属于新购买的房屋，尚未领取房屋所有权证或土地使用权证的，则提供购房合同、发票、商品房预售证复印件。

（7）属于公房，尚未取得房屋所有权证和土地使用权证的，则提供由房屋管理部门出具的相关产权证明。

（8）属于集体土地上建造的房屋，暂时无法提供产权证的，如产权属于乡、镇政府所有，可由乡、镇政府出具同意使用场地的证明；如产权属于农民或村委会所有，应由房屋所在区国土资源部门或房屋管理部门出具同意使用场地的证明。

（9）如果注册地址是宾馆、饭店、招待所等，则出具有"住宿"经营范围或"房屋出租"经营范围的企业营业执照复印件。

（10）如果房屋性质属于军产，则提供所在军区后勤部颁发的军队房产租赁许可证复印件。

（11）进市场的提供市场名称登记证复印件。

如果公司注册地址是租借的，那么注册者不仅要提交以上产权证明，还要提交一份使用证明，它可以是以下材料中的任何一种。

（1）如果办公地址是租赁的，则提供房屋租赁协议（出租方应是房屋所有者，承租方应是正在申请开办的企业）。

（2）如果办公地址属于转租的情况，则提交转租协议（出租方为原承租方）以及房屋所有权人出具的同意转租的证明或在转租协议上盖章确认。

（3）如果办公地址是由母公司无偿提供的，则出具母公司提供的无偿使用证明。

（4）房屋产权属于股东所有，由股东无偿提供给所投资企业使用的，应提供股东出具的无偿使用证明。

2.7 验资时需要的资料

作为提交注册申请的一环，验资报告是对公司实际资金情况的证明资料，它可以防止注册者乱填注册金额。具体来说，即公司注册者向银行开户行存入一笔资金，然后请专业的会计师事务所对所存入的资金情况进行检查，会计师事务所根据银行账户中的实际资金情况出具证明报告，这份报告就是验资报告。

验资时，注册者需要准备以下材料，并提交给会计师事务所。

（1）公司名称核准通知书复印件。

（2）公司章程复印件。

（3）投资人身份证或营业执照。

（4）银行进账单、对账单。

（5）公司住所证明材料。

（6）股东会决议及股东印章。

（7）其他所需材料。

地区不同，会计师事务所所要求提交的材料可能会有细微差别，但总体上就是以上内容。

在验资时，还有以下两个方面需要注意：一方面是关于货币资金出资的注意事项；另一方面则是关于实物出资的注意事项。货币资金出资包括三个方面的具体内容：第一，在银行账户中投入资金时，需要在银行单据"用途"一栏中注明"投资款"；第二，如果有多个投资方同时向银行账户投入资金，则需分别提供银行出资单据，包括银行的进账单与对账单；第三，实际出资人应与公司章程中规定的投资人一致。

如果注册者选择实物出资方式，那么要做到这几点：第一，要保证投资人对用于投资的实物拥有所有权；第二，确保用于投资的实物经过了专业化评估，并具有评估报告；第三，投资后需办理实物所有权转移手续。

注册者准备好以上材料后，即可进行验资工作，待验资报告生成，即可带着验资报告进行新公司登记。

2.8 识别空壳公司的技巧

创业者需要了解一个概念，即空壳公司。空壳公司还有一个别称，即现成公司。从这个名称上来看，它就是指没有实际运营团队，也没有实际运营业务，但是依法登记注册过的公司。这类公司存在的意义是供人购买，以应对比较紧急的情况。

从前文内容中可以看出，新公司的登记注册并非一蹴而就的，而是需要经历一段较长的准备时间。所以，当创业者遇到较好的业务或项目，需要尽快成立公司时，可以去专门的咨询机构购买空壳公司，这样就不用担心因等待公司注册而错过较好的业务或项目。

空壳公司的历史，可以追溯到19世纪的英国。当时，有人根据英国的法律成立了一个有限责任公司，但是这个公司中并没有董事，也没有投资者认购股份。因此，这个公司只是一个形式上的存在，没有开展经营活动，也不会出现债权及债务。而一旦有了业务，那么公司秘书制作好相关的文件，就能在极短的时间内办理好相关事项。

正因为空壳公司有其优点，所以这种公司形式得到了推广，而且一直被沿用至今。如今，在一些国家和地区，空壳公司普遍存在，而且它们的存在对推动当地经济发展以及为创业者提供方便等方面发挥了很大的作用。

一般来说，空壳公司具备三个特点：第一，按照相关的法律法规进行过注册工作，已经做好了公章、招股说明书等法律要求的文件；第二，没有管理团队，从来没有委任过董事；第三，没有业务，从来没有从事过实际经营活动。也正是因为有了这些特点，所以空壳公司的风险较小，购买者能够放心地买卖。

需要注意的是，创业者在购买空壳公司时需要查验以下证件：公司注册书、商业登记证书、公司章程、公司钢印、公司签名印、公司小圆章、公司招股说明书、法定记录簿、首任董事委任通知书，以及同意出任董事通知书、注册地址通知书和会计师核实文件。

第 3 章
财务术语：创业者必备基础知识

创业者在处理公司财务工作时，可能会遇到许多专业的财务术语。如果创业者不理解这些术语，很可能会使公司的财务工作出现问题。

3.1 权责发生制

权责发生制属于会计要素确认计量方面的要求，它主要针对收入和费用的确认时间及确认金额的问题。权责发生制原则要求收入和费用的确认应当以实际发生为标准，因此又称应收应付制原则。

在权责发生制原则下，在一个会计期内，凡是属于本期且应该从本期收入中得到补偿的费用，不论其是否在本期实际付出，均应作为本期费用处理；凡是不属于本期的费用、不应从本期收入中进行补偿的费用，即使在本期实际付出，也不应作为本期费用处理；凡是属于本期的收入，无论其款项是否在本期实际收到，都应作为本期收入；凡是不属于本期的收入，即使款项在本期实际收到，也不应作为本期收入。

例如，某公司 7 月卖了一批库存商品，8 月收到买家支付的货款 8000 元。此外，该公司 7 月还预付给供货商 8 月的货款 10000 元。

按照权责发生制，该公司应该这样记账：

7 月收入 8000 元，费用 0 元；

8 月收入 0 元，费用 10000 元。

3.2 应付/应收账款及其周转天数

1 应付账款

应付账款指的是企业因购买材料、物资和接受劳务供应等而付给供货单位的账款。它主要用来核算企业因购买材料、商品和接受劳务供应等经营活动应支付的款项。也可以说这是一个企业产生的债务，其原因是买卖双方在购销活动中采取了先取得物资后支付货款的形式。简单来说，就是购买和支付款项这两种活动并非同时发生。

应付账款周转天数指的是公司需要多长时间付清供应商的欠款，因此它又称平均付现期。这是一个属于公司经营能力分析范畴的概念。一般来说，应付账款周转天数越长越好，因为这能在短期内为公司提供充足的运营资金。另外，应付账款周转天数在一定程度上反映了公司的信誉情况及经营情况。公司在行业内的信誉越好，经营状况越好，越有可能获得更长时间的应付账款周转天数。

应付账款周转天数的计算公式如下：

应付账款周转天数 = 360 / 应付账款周转率

应付账款周转率 = 采购额 / 平均应付账款余额 × 100%

= 主营业务成本净额 / 平均应付账款余额 × 100%

= 主营业务成本净额 / （应付账款期初余额 + 应付账款期末余额） / 2 × 100%

2 应收账款

应收账款是指企业在正常经营的前提下，通过出售产品、商品或者提供劳务等业务，应向购买单位收取的款项。应收款项包括产品、商品的购买方或接受劳务方应负担的税金、各种杂费等。

一般来说，为了保证应收账款及时到账，应收和应付双方会约定一个还款日期。应付方应在约定时间确认付款；应收方则需要在同时间内对款项进行明细核算，然后确认收款。

应收账款是购买方占用销售方的资金。为了保证企业的正常经营以及持续发展，销售方应及时收回应收账款。如果遇到应付方拖欠账款的情况，销售方可以采取合法措施进行催收，若应收账款无法收回，可拿出相关证据按规定程序报批，作坏账损失处理。

应收账款周转天数是一个与应付账款周转天数相对应的概念，它指的是企业从取得应收账款的权利到收回款项、转换为现金所需要的实际时间。应收账款周转天数越短,说明流动资金的使用效率越好,公司的竞争力也就越强。

事实上,目前很多行业中存在着赊账销售的情况,因此也就不可避免地形成了大量的应收账款。公司要想得到更好的发展,那么有效地将应收账款变为实际资金是非常关键的步骤。

应收账款周转天数的计算公式如下:

应收账款周转天数 = 365 / 应收账款周转率

= 平均应收账款 ×365 / 销售收入

应收账款周转率 =(销售收入－现销收入－销售退回)/[(期初应收账款余额 + 期末应收账款余额)/2]

3.3 资产周转率与资产负债率

1 资产周转率

资产周转率指的是销售收入和平均资产总额之比。它是衡量企业资产管理效率的重要财务数据,在财务分析指标体系中占有重要地位。在考察企业资产运营效率时,总资产周转率是一个很重要的指标,因为它能够体现企业经营期间全部资产从投入到产出的流转速度,能够反映企业全部资产的管理质量和利用效率。

对于一个企业来说,通过分析总资产周转率,可以发现企业与同类企业在资产利用上的差距,从而竭力提高资产管理质量和资产利用效率,促进企业长远发展。从这一点上来看,资产周转率在企业发展中具有非常重要的意义。

资产周转率的计算公式如下:

资产周转率 = 周转额 / 资产

= 总营业额 / 总资产值

= 本期销售收入净额 / 本期资产总额平均余额

其中:

本期资产总额平均余额=（资产总额期初余额+资产总额期末余额）/2

2 资产负债率

资产负债率指的是负债总额与资产总额的比例，是用来衡量公司财务杠杆使用情况和偿还能力的指标。通过这一指标，能够看出公司资金主要来源于融资还是股东出资。资产负债率高，说明公司的应收账款以及贷款偏多，流动资金偏少，同时也说明该公司有较大的还款付息压力，使用财务杠杆的方式来举债的空间很小。

一般来说，如果企业的资产负债率在50%以下，则说明企业的偿还能力较强；反之，则说明企业的偿还能力较弱。至于资产负债率在什么程度算是合理的，还需要参考同一行业中的其他公司的情况以及公司的具体业务情况和所处的市场地位。

除了资产负债率，有形资产负债率也可作为一项更客观地评价企业偿债能力的指标。有形资产负债率，即企业负债总额与有形资产总额的比率，它的计算公式如下：

有形资产负债率=负债总额/有形资产总额×100%

其中：

有形资产总额=资产总额-（无形资产及递延资产+待摊费用）

3.4 直接成本与间接成本

直接成本指的是产品的直接生产成本，以及直接计入成本中的费用，如产品生产的原材料、人工劳务费、场地费等。而间接成本则指的是产品的间接生产成本，以及间接计入成本的费用，如管理人员的费用、机器耗损费等。不论是直接成本，还是间接成本，都是从两个角度进行定义的，即成本与生产工艺的关系，以及费用计入生产成本的方式。

通过对这两种类型的成本进行分析，企业能够正确计算出产品成本，从而为产品标明一个合适的价格，这样既能保护消费者的权益，又能保证企业的获利情况。通常情况下，能直接计入产品的费用，都将被作为直接成本处理。为了保证间接成本计算的准确性，在计入间接成本时，其分配标准应与被分配费用之间具有密切的关系。

另外，企业可以在直接成本和间接成本的具体情况中找出企业运营的不足之处，然后有针对性地进行改正。如果发现产品较同行业其他公司来说直接成本过高，则可以在产品原材料获取渠道及生产工艺等方面进行改进，从而降低成本，提高产品的竞争力；如果发现间接成本过高，则可以在提高管理效率等方面下功夫，进而降低成本。

3.5 账面价值与账面净值

1 账面价值

账面价值通常指资产类科目的账面余额减去相关备抵项目后的净额。这里提到的账面余额是指某科目的账面实际余额，即没有进行过备抵项目的扣除，备抵项目有累计折旧、相关资产的减值准备等。

公司类型不同，账面价值也有不同的分类，比如股份有限公司的账面价值也称股票净值。

账面价值的计算公式如下：

资产的账面价值 = 资产账面余额 − 资产折旧或摊销 − 资产减值准备

2 账面净值

账面净值是指资产原值减去计提的累计折旧（或累计摊销）后的余额。账面净值的计算方式分为两种情况，第一种情况是针对固定资产而言的，其计算公式如下：

账面净值 = 固定资产原价 − 计提的累计折旧

第二种情况是针对无形资产而言的，其计算公式如下：

账面净值 = 无形资产原价 − 计提的累计摊销

3.6 自下而上的预算编制

预算编制是《中华人民共和国预算法》的主要内容,是各级政府、各部门、各预算单位制定筹集和分配预算资金年度计划的预算活动。为了确保经营活动能顺利持久地进行,企业也引进了预算编制的做法。预算编制可以分为自上而下和自下而上两种具体形式。

对于一个企业来说,自下而上的预算编制是指从基层管理人员开始制定的预算编制。这一做法可以使基层人员对具体活动的流程及所需资源有一个更好的把握,这样他们在进行预算时就能够减少资源浪费。在这个过程中,基层管理人员需要全面考虑所有涉及的工作任务,并运用WBS(Work Breakdown Structure,工作分解结构)对项目涉及的所有工作任务的时间和预算进行仔细考察。

虽然这一做法是从基层管理人员开始的,但最终还是要交由上级管理部门进行审核。基层人员认为上层管理人员会削减预算,因此,常会出现基层人员高估自己的资源需求的状况。而与此同时,上层管理人员会认为基层人员造假,长此以往就会形成一个不健康的预算体系。从长远来看,这显然不利于企业的发展。因此,要保证自下而上的预算编制能切实发挥作用,企业还需要制定一套完善的监督、审核体系。

3.7 投资回报率与销售回报率

1 投资回报率

投资回报率指的是通过投资而应返回的价值,即企业从一项投资活动中得到的经济回报。对于一个企业来说,投资回报通常是企业获利的一个重要来源。企业为了提高生产效率而购进先进的生产设备的行为是投资,购买债券、股票也是投资。即投资可以分为实业投资和金融投资。

投资回报率的计算非常简单,而且根据对投资回报率的计算,可以为企业优化资源配置。一般来说,企业要想提高利润率,可以通过降低销售成本的方式来实现。投资回报率的计算公式如下：

$$投资回报率 = 年利润或年均利润 / 投资总额 \times 100\%$$

2 销售回报率

销售回报率是衡量公司从销售额中获取利润多少的指标。它的计算基础是税后净利润和总销售额。计算销售回报率，可以为企业管理者提供是否需要调整销售管理策略的依据。如果销售回报率偏低，则说明公司的销售方式有待改进；反之，则说明公司的销售情况良好，公司的总体运营态势良好。

销售回报率的计算公式如下：

$$销售回报率 = 税后净利润 / 总销售额$$

3.8 成本收益分析

成本是指人们从事生产经营活动或为了达到一定的目的而耗费的资源的货币表现。成本是商品经济的价值范畴，是商品价值的组成部分。随着商品经济的发展，成本概念的内涵和外延也在不断扩大。

对于一个企业来说，它在产品生产活动中会不可避免地消耗生产资料和劳动力，而这些被消耗的生产资料与劳动力就是其成本。若用货币的形式来计量，其表现为材料费用、工资费用、折旧费用等。另外，商品的开发环节及销售环节也会耗费管理费、场地费、人力费等，所以这部分费用也需要计入商品的成本中。

成本收益分析是指以货币单位为基础，对投入与产出进行估算和衡量。成本收益分析属于预算机制的一种，是对未来收益做出的预估方案。也可以说，这是一种量入为出的经营理念。成本收益分析能够帮助经济主体在经济活动中作出有利的决策，实现盈利的目标。因为通过成本收益分析，经济主体能找到获利最大且投入最少的参与经济活动的方式。由此可知，成本收益分析有三个特点，即自利性、经济性、计算性。

3.9 经济增加值

经济增加值也称经济附加值,指的是企业从税后营业净利润中扣除股权和债务的全部投入资本成本后的所得。因此,经济增加值可用于评判企业经营者使用资本的能力以及为股东创造价值的能力。显然,只有当盈利额高于资本成本(股权成本与债务成本之和)时,企业才能为其股东创造价值。对于一个企业来说,经济增加值是评估其业绩的标准。另外,经济增加值这一标准,还能让企业管理者及时调整管理策略的方向,以避免出现在产品滞销时还扩大生产的情况。

3.10 财务杠杆

财务杠杆是指由于固定债务利息和优先股股利的存在,而导致普通股每股利润变动幅度大于息税前利润变动幅度的现象。因此,财务杠杆也称筹资杠杆或融资杠杆,它是一个应用非常广泛的概念。如果强调财务杠杆是对负债的一种利用,那么可以将它定义为企业在制定资本结构决策时对债务筹资的利用。如果强调财务杠杆是通过负债经营而引起的,则可以将其定义为通过在筹资中适当举债,以达到调整资本结构而给企业带来额外收益的财务管理方式。在这种情况下,财务杠杆还有正负之分。如果负债经营能让企业的收益上升,我们便称之为正财务杠杆;反之,则称之为负财务杠杆。

财务杠杆作用的大小用财务杠杆系数来表示,而且财务杠杆的作用与财务杠杆系数之间呈正相关关系。财务杠杆系数的计算公式如下:

财务杠杆系数 = 普通股每股收益变动率 / 息税前利润变动率

3.11 财务报表三要素

通俗地说,财务报表是指体现企业主体财务状况以及经营状况的会计报表。它是以会计准则为规范编制的，用来向所有者、债权人、政府以及其他有关各方及社会公众等反映公司财务及经营状况的一系列会计报表。

财务报表对企业有着重要的作用。它揭示了企业的财务状况、现金流量、经营成果，企业管理者由此可以清晰地了解企业的运营状况，从而决定是否改变管理方式。

财务报表由现金流量表、损益表、资产负债表、利润表、财务状况变动表、附表组成，其中较重要的是资产负债表、现金流量表、损益表。

1 资产负债表

资产负债表指的是企业在一定日期（通常为各会计期末）的财务状况（资产、负债和股东权益的状况）的主要会计报表。它是按照会计平衡原则，将合乎会计原则的资产、负债、股东权益，经过分录、转账、分类账、试算、调整等会计程序后，以特定日期的静态企业情况为基准，制作成的一张报表。

资产负债表是簿记记账程序的末端，是经过了分录、过账及试算调整后的最后结果与报表。它体现的是企业全体或公司资产、负债与股东权益的对比关系，能够真实地反映公司的实际运营状况。资产负债表由两部分组成，即左边算式的资产部分，以及右边算式的负债与股东权益部分。

由于资产负债表是按照一定的分类标准和一定的次序排列编制而成的，因此对于企业来说，其能帮助企业进行内部除错，寻找经营方向，消除企业经营弊端。除此之外，它还能让企业管理者及外界清楚明了地了解企业经营状况。

2 现金流量表

现金流量表是在一定时期（一个月或者一个季度）内，企业的现金（包括银行存款）增减变动情况表。也就是说，企业的经营、投资与筹资活动产生的现金流入与现金流出都能在现金流量表中反映出来。因此，通过现金流量表，我们能够看出企业是否有能力应付短时期内的所有运营开销。

通过现金流量表，我们还能够看出一家公司的经营状况是否健康。

如果公司经营活动产生的现金流不足以支付股利，也不能维持股本的生产能力，就说明这家公司的发展方式或者运营状况出现了问题。

1987年，财务会计标准委员会批准现金流量表正式生效。根据现金流量表中的资金用途，其可以分为经营、投资、金融三种现金流量类型。现金流量表是一个分析工具，能够用来分析公司的短期生存能力。与传统的损益表相比，现金流量表在对企业实现利润的评价以及财务状况和财务管理方面能发挥更直观的作用。

3 损益表

损益表也称利润分配表或损益平衡表，是财务报表的一部分，用来反映公司在一定时期内的利润实现或发生亏损的情况。损益表的内容包括一定时期内公司的销售成本、销售收入、经营费用及税收费用。总之，公司在一定时期内创造的经营业绩都是损益表中的内容。

损益表与其他财务报表不同的是，它是一张动态的财务报表。公司的经营管理者能够从损益表中分析利润变化的原因，从而为自己的经营决策，如公司经营成本的预算、投资的价值评价等找到依据。

损益表主要由利润构成以及利润分配两个项目组成。如果将损益表中的利润分配部分单独提取出来，它就是一份利润分配表。

3.12 总分类账

总分类账简称总账，它根据总分类科目来开设账户，以登记全部经营业务，进行总分类核算，提供总括核算资料。它以货币计量单位为依据进行登记。由于公司编制财务报表主要以总分类账提供的核算资料为依据，因此所有公司都必须设置总分类账。

总分类账通常采用订本式账簿，其账页内容一般由"借方""贷方""余额"三部分组成。当然，根据实际情况，我们也可以将总分类账设置为多栏格式。例如，将序时记录和总分类记录结合在一起，就变成了联合账簿，也称日记总账。

第4章
财务重点：公司要把好"钱"关

除了要知晓相关的财务术语外，创业者还要熟悉财务工作中的重点环节，把好公司的"钱"关，避免在财务问题上出错。

4.1 现金结算与银行结算

1 现金结算

现金结算指的是在商务往来中使用现金结算应收付账款的行为。在我国，现金结算普遍用于单位与个人之间的款项结算以及单位之间的小额转账结算。现金结算有以下四个特点。

（1）直接便利。买卖双方一手交钱，一手交货，当面点算钱货，无须经过中介，于双方而言都是最为直接和便利的。另外，在劳务供应、信贷存放和资金调拨方面，现金结算也有着直接便利的优势。

（2）不安全性。现金结算保密性差，容易给不法分子可乘之机。在实际的经济生活中，大部分经济犯罪和现金有关。

（3）不易宏观控制和管理。因为现金结算很少通过银行进行，所以国家管控的难度很大。另外，大额现金结算过多会使流通的现钞过多，造成通货膨胀。

（4）费用较高。现金结算虽然没有相关手续费用，但其清点、运送、保管成本较高，更容易浪费人力、物力和财力。

2 银行结算

银行结算指的是通过银行账户转移资金以实现收付账款的行为，即所付账款先由银行代收，再从付款单位的账户划入收款单位的账户，以此完成经济活动中的资金清算。银行结算有九种结算方式，如表4-1所示。

表 4-1 银行结算的九种结算方式

票据名称	适用对象	适用范围	期限	备注
支票	单位或个人	同城或异地	出票后 10 天	转账支票只能转账,现金支票只能提现
银行汇票	单位或个人	同城或异地	1 个月	可转账也可提现
商业汇票	单位	同城或异地	双方商定,最长不超过 6 个月,提示后 10 天付款	分银行承兑和商业承兑,必须具有真实的交易关系或债权、债务关系才能使用,可贴现、转贴现
银行本票	单位或个人	同城	2 个月	标明"现金"字样的可提现
信用卡	单位或个人	同城或异地	—	单位卡不得用于 10 万元以上的结算,不得支取现金
汇兑	单位或个人	异地	—	信汇或电汇
委托收款	单位或个人	同城或异地	3 日内通知	可以拒付
托收承付	国有企业、供销合作社以及开户银行审查同意的集体企业	异地	3 日或 10 日	结算有起始金额限制,必须是商品交易和因商品交易产生的劳务供应的款项,不含代销、寄销、赊销商品的款项
信用证	单位	异地	6 个月	只能转账,不可提现

4.2 代理记账与专职会计

很多创业者在创业初期,因为资金和规模有限,所以经常会纠结是请代理记账还是请专职会计。这两种记账方式的主体不同,产生的成本也不同,那么哪一种方式才最适合初创公司呢?

1 代理记账

代理记账是指请专业的代理记账公司负责公司的账目,其主体是公司,服务费用通常以月为单位计算。其优点是成本低,服务好,创业者每月只需花费 200 元左右就能享受到专业财务团队的全面服务,能有效避免初创公司因不熟悉税法而出现误报、漏报、迟报等现象,可以充分保障公司财务的安全。其缺点是市场门槛低,从业人员水平参差不齐。一旦找了不正规的代理记账公司，创业者不能及时监督，则很可能造成公司的财务混乱，给公司带来巨大损害。

2 专职会计

聘请专职会计是指与专业的财务人员签订正式的劳动合同，聘请其负责公司的账目。其主体是个人，费用通常以月来计算。其优点是专人专事，能随时沟通，而且专业的财务人员可以身兼数职，除了负责账目和税务的相关事务外，还可以负责员工的工资结算、社保缴纳等工作。

其缺点是成本较高，一个专业的财务人员一般每个月需要4000～8000元的工资，而且创业者还需要为其提供办公场所。对于初创公司来说，这可能会是一笔不小的开支。另外，因为专职会计不是法人，所以如果发生漏税等行为，会计本人不需要承担责任，损失都要由公司负担。

两种记账方式各有优缺点，那么创业者应该选择哪种记账方式进行财务管理才更利于公司的发展呢？可参考以下四点进行选择。

（1）要看公司规模。如果公司初创时规模较大，选择专职会计会优于代理记账公司，因为专职会计不仅可以做账务、报税等工作，还可以负责审核公司内部报销、为员工发工资等。另外，创业者还可以和会计及时沟通，随时查看公司的财务状况。而代理记账公司只能处理公司的账务以及报税，而且很容易和创业者沟通不及时，导致公司出现财务危机。

（2）要看公司管理要求。如果公司规模实在太小，创业者对财务管理的要求只停留在满足国家法律法规即可，则请代理记账公司是一个很好的选择。

代理记账公司每月需要打理多家公司的账务，具有非常丰富的经验。另外，代理记账公司是一个团体，公司里有很多会计，遇到问题也可以合力解决，办事效率可能会比专职会计高很多。

（3）要看公司业务多寡。如果公司创业初期经济业务就比较多，而且业务较为烦琐，如快消品行业的初创公司，那么创业者就应该请一个专职会计，专职会计可以随时整理烦琐的业务凭证，保证经济业务的真实、准确、完整。

（4）要看业务私密性。如果公司的核心技术或经营模式属于业界独创型，那么创业者就需要聘请一位专职会计。因为专职会计是公司的员工，有保密义务，创业者比较好对其进行约束。而代理记账公司是一个相对独立的外部主体，创业者无法约束它，这就很难保证公司的机密信息不会泄露。

4.3 会计凭证与会计账簿

1 会计凭证

会计凭证指的是用来记录经济业务、明确经济责任并作为登记账簿依据的书面证明。每家公司都必须按规定程序填制和审核会计凭证，审核无误后再根据会计凭证进行账簿登记，如实记录公司的经济业务。会计凭证可分为原始凭证和记账凭证。

1）原始凭证

原始凭证指的是在经济业务发生或完成时填制的、记录经济业务发生和完成情况的原始凭据。原始凭证的作用是记录经济业务发生的具体内容。常见的原始凭证有现金收据、增值税专用发票、产品入库单、领料单等。

2）记账凭证

记账凭证指的是会计根据审核无误的原始凭证，将经济业务的内容归类，并据此确定会计分录后填制的会计凭证。记账凭证的作用是确定会计分录、进行账簿登记、反映经济业务、明确相关人员的责任。记账凭证可以分为收款凭证、付款凭证和转账凭证。

（1）收款凭证指的是库存现金和银行存款收款的记账凭证。收款凭证根据库存现金和银行存款收款的原始凭证填写，是登记现金日记账、银行存款日记账、明细分类账和总分类账的依据。

（2）付款凭证指的是库存现金和银行存款付款的记账凭证。付款凭证根据库存现金和银行存款付款的原始凭证填写，是登记库存现金日记账、银行存款日记账、明细分类账和总分类账的依据。

（3）转账凭证指的是记录不涉及现金和银行存款的会计凭证。

2 会计账簿

会计账簿指的是由一定格式的账页组成的,以审核后的会计凭证为依据的,全面记录经济业务的簿籍。

会计账簿和会计凭证都有记录经济业务的功能,但两者的记录方式不同。会计凭证的记录是零散的,不能系统地反映经济业务的内容;会计账簿的记录是全面的,其把分散的大量核算资料加以集中,为创业者提供系统、完整的核算资料。

虽然不同的经济业务要对应不同的账簿格式,但以下基本内容是各种账簿都应具备的。

(1)封面:标明账簿名称,如明细分类账等。

(2)扉页:标明会计账簿的使用信息,如目录索引、账簿管理人员一览表等。

(3)账页:具体记录经济业务,包括账户名称、日期、凭证种类、金额等基本内容。

4.4 账户与记账方法

1 账户

账户具有一定的结构和格式,用来系统记录经济业务的核算项目的变动情况。每个账户都有一个名称,即会计科目,来说明该账户记录的经济业务。

账户按提供信息的详细程度可分为总分类账户和明细分类账户,按反映的经济内容可分为资产类账户、负债类账户、共同类账户、所有者权益类账户、成本类账户、损益类账户。

2 记账方法

记账方法按登记的经济业务的不同,可分为单式记账法与复式记账法两种。

（1）单式记账法指的是每一项经济业务只在一个账户中登记的记账方法。在记账时，单式记账法着重考虑的是现金、银行存款、债权、债务等方面的交易事项，因此这种方法比较简单，不能完整、全面地反映交易事项的具体情况，也不便于后期检查。所以，单式记账法更适合单一的经济个体。

（2）复式记账法以会计等式资产和权益平衡关系为记账基础，每一笔经济业务都在有两个或两个以上相等金额的相互联系的账户中登记，它是一种全面反映会计要素变化的记账方法。复式记账法分为借贷记账法、收付记账法和增减记账法等。

4.5 发票和报销事宜的处理办法

公司的各项经济业务经常会涉及开票问题。公司员工有时使用发票不规范，导致公司不予报销，就很容易引发纠纷。那么，创业者在处理发票报销工作时有哪些注意事项呢？

1 付款原始凭证不局限于发票

发票上有税务监制章，是最规范的报销凭证。但是，没有税务监制章的凭证并不是都不合规。例如，有财政监制章的行政事业单位统一收据、没有税务监制章的火车票和飞机票、医院的专用收据等都可以作为报销凭证。

如果出差地在境外，则"形式发票"可以作为报销凭证。另外，合同纠纷中的法院判决及裁决书也可以作为入账凭证。

2 避免"白条"入账

"白条"指的是财务上的非正式单据，即不合法、不合规的原始凭证。如果用内容不真实的"白条"入账，则属于违法行为。但在一些特定条件下，"白条"也可以入账，如对外确实无法取得发票的经营活动，只要秉持真实性的原则，就可以用自制凭证来入账。

3 全面审核发票上的项目

发票的名称、类型、填制日期、编号、经济业务内容、计量单位、单价和金额、经办人签名等信息都要经过仔细审核，确保无误之后才能入账。

创业者在审核发票时要注意发票上需注明单位的全称，但有些发票必须个人实名登记，如飞机票、火车票、住宿发票等，这些也是合规发票。另外，创业者还需要留意发票类型是否符合合同要求、填制人与复核人是否为不同的人、发票上是否为发票专用章而不是财务专用章或其他公章等。

4 发票的时效性

在实际报销工作中，收到发票的时间比发票上注明的时间滞后很久，甚至还有跨年度的。那么这些发票能否入账呢？需要分为以下两种情况来对待。

（1）费用已预先在当年入账，但当年未取得发票。这种情况在当年所得税预缴时可按账面发生额扣除，但要在年度所得税汇算清缴前取得发票，否则要按所得税纳税调增处理。

（2）当年取得了发票，但未入账。如果票面金额不大，对当年损益影响较小，则可以列为下一年度的费用；如果金额过大，而且对当年损益有较大影响，则可利用"以前年度损益调整"进行调整。

5 对发票要"验明正身"

创业者需要定期通过税务网站或纳税服务中心辨别发票真伪，杜绝假发票。

6 发票是否为"阴阳发票"

阴阳发票指的是对应联次内容不一致的发票。创业者在核查发票时，要观察其字迹颜色是否一致，正反面颜色是否一致，辨别有无局部复写的痕迹。

7 发票是否"偷梁换柱"

在实际报销过程中还可能会出现发票与真实业务不匹配的情况,具体可分为三种情况。

(1)经济业务没有发生,发票是假借其他途径取得的。

(2)经济业务确实发生,但发票内容被变更。

(3)真实的发票遗失,只能找其他发票替代入账。

根据《中华人民共和国会计法》第十四条规定:"会计机构、会计人员必须按照国家统一的会计制度的规定对原始凭证进行审核,对不真实、不合法的原始凭证有权不予接受,并向单位负责人报告"。《中华人民共和国发票管理办法》第二十二条规定:"不符合规定的发票,不得作为财务报销凭证,任何单位和个人有权拒收。"可见,可以作为报销凭证的发票必须以真实、合法为前提。

8 发票号码是否"紧密相连"

发票上方都有发票号码,如果两张及两张以上发票的号码相连,那么这种发票为连号发票。连号发票在真实性上存疑,财务人员应审慎报销或不予报销。

4.6 入账有时差怎么办

公司发票进行登记入账时,一般都是一月一结,即在月底入账这一个月发生的业务费用。但有时因为员工疏漏,导致发票没有及时在月底入账,这时创业者还可以把前几个月甚至去年的发票入账吗?

理论上来说,因为企业所得税是按年汇算清缴的,所以从税务的角度来说,本年度内的发票都是可以入账的,去年的则不可以。但各个公司会根据自己的做账流程而定,有的公司比较大,业务项目比较多,所以规定发票3个月内可以报销,超过时间即作废;但有的公司较小,所以在报销上按照税务的要求,本年的发票都可以报销。

另外，由于拖欠款项或者债务纠纷等原因，导致不能及时取得发票或者需跨年取得发票的情况出现时，公司要在成本、费用发生的所属年度调增其应纳税所得额，然后在收到发票等合法凭据后再调减原扣除的应纳税所得额。这样如果造成多缴税款，创业者则可以在收到发票的年度申请抵缴应纳所得税，抵缴不足的可在以后年度递延抵缴。

所以对于创业者来说，当年的发票当年入账是最便捷的，但在一些不可避免的情况下仍可能取得跨年发票。

例如，上一年度发生的成本、费用等，由于不可避免的原因，延迟到次年才取得发票，所以发票的项目栏上填写的仍是去年的日期。有时发票的项目栏只填写了相关的费用内容，并没有注明费用发生的日期，因而很容易被混淆为次年的费用。这一点创业者尤应注意，需要明确费用发生的时间。

面对这些问题，创业者最好是在年度内清缴企业所得税。如果涉及跨年清缴，则需要进行调增，但这样会给公司带来一定负担，也会使公司的账目变得比较复杂。所以，创业者平时就应做好账目，及时保存发票并登记入账。

4.7 固定资产和库存管理

1 固定资产管理

固定资产是公司资产重要的组成部分，管理好固定资产除了要做好财务核算外，还要对资产进行过程管理，即将申请采购、运营、资产报废的整个过程都管理起来。以固定资产添置管理为例，有以下步骤。

（1）按照预算购置固定资产。每年第四季度，创业者要编制本公司下一年的固定资产预算计划。

（2）使用设备的部门应提前向管理设备的部门提出采购申请，明确填写申请理由、设备名称、数量、规格、需求日期等。

（3）管理设备的部门收到采购清单后，应根据固定资产预算对采购申请进行处理，对超越部门权限的申请应及时上报。

（4）固定资产到达管理设备的部门后，部门负责人要及时通知验收设备的部门进行验收，然后填制验收单。

（5）固定资产可使用后，管理设备的部门要将其移交给使用设备的部门，并填制设备移交清单。

当设备到达后，创业者还需定期对现有设备进行盘点，查漏补缺，时常维护，这样才能达到对固定资产的全生命周期管理。

2 库存管理

库存管理指的是对制造业或服务业生产、经营全过程的各种物品和产成品以及其他资源进行管理和控制，使其储备保持在经济且合理的水平上。它包括两部分内容：一是科学保管库存物料，减少其损耗，使其方便存取；二是用最少的投入维持合理的库存水平，以满足使用部门的需求。过去的经营思路认为，仓库里的商品越多，企业就越兴隆，但现代企业管理的思路则认为零库存才是最好的状态。为了实现这一目标，创业者需要进行更高效的库存管理，具体有以下五种方法。

1）准时生产制库存管理法

准时生产制库存管理法的基本原理是以需定供、以需定产，即根据需方的要求，将生产物资或采购物资不多不少、不早不晚地送到指定地点。

2）经济批量法

经济批量法是根据单位产品费用最小原则来确定批量的方法，也是确定产品间隔期时常用的以量定期的方法。应用经济批量法的基本前提是分析对象的减少必须是均衡的，因此要符合以下四个方面的要求。

（1）确定某项库存在一定时期内的耗用量，这一数量在分析期内保持不变。

（2）固定每次订货的成本。

（3）单件库存保存成本不变。

（4）库存能得到及时补充。

3）ABC 重点控制法

ABC 重点控制法的原理是按照物品价值将企业库存分为 A、B、C

三类。管理时，A类物资需重点管理和控制，B类物资按普通的方法管理和控制，C类物资采用最简单的方法管理和控制。

4）库存盘点实践法

盘点指的是用清点、过秤和对账等方式检查库存的实际数量和质量。盘点的任务是查清实际库存是否与账目相符，查清库存发生盈亏的原因，查清库存的质量情况，查清有无过期存货。

5）再订货点库存法

再订货点库存法常被用来确定启动补给订货时的货品单位数，即当存货量低于再订货点时就立即补货。这种方法可以应对完成周期不确定性的情况，以安全库存来缓冲不确定因素。

4.8 公司需要缴纳的税款

很多创业者认为记账报税的工作由财务人员去做即可，自己可以做"甩手掌柜"。其实不然，如果创业者不了解公司需要缴纳哪些税款，就很难在日常运营过程中通过合理节税的方式来提高公司收益。下面是一般企业需要缴纳的税款。

1 增值税

根据《增值税暂行条例》第二条规定，各行业应缴纳的增值税税率如下。

（一）纳税人销售货物、劳务、有形动产租赁服务或者进口货物，除本条第（二）项、第（四）项、第（五）项另有规定外，税率为17%。

（二）纳税人销售交通运输、邮政、基础电信、建筑、不动产租赁服务，销售不动产，转让土地使用权，销售或者进口下列货物，税率为11%：

1.粮食等农产品、食用植物油、食用盐；

2.自来水、暖气、冷气、热水、煤气、石油液化气、天然气、二甲醚、沼气、居民用煤炭制品；

3.图书、报纸、杂志、音像制品、电子出版物；

4.饲料、化肥、农药、农机、农膜；

5.国务院规定的其他货物。

（三）纳税人销售服务、无形资产，除本条第一项、第二项、第五项另有规定外，税率为6%。

（四）纳税人出口货物，税率为零；但是，国务院另有规定的除外。

（五）境内单位和个人跨境销售国务院规定范围内的服务、无形资产，税率为零。

据《增值税暂行条例》第十五条规定，下列项目免征增值税：

（一）农业生产者销售的自产农产品；

（二）避孕药品和用具；

（三）古旧图书；

（四）直接用于科学研究、科学试验和教学的进口仪器、设备；

（五）外国政府、国际组织无偿援助的进口物资和设备；

（六）由残疾人的组织直接进口供残疾人专用的物品；

（七）销售的自己使用过的物品。

另外，《增值税暂行条例》第十二条规定："小规模纳税人增值税征收率为3%，国务院另有规定的除外。"《减税降费政策操作指南（四）——适用3%征收率的减按1%征收增值税政策》规定："增值税小规模纳税人，适用3%征收率的应税销售收入，减按1%征收率征收增值税；适用3%预征率的预缴增值税项目，减按1%预征率预缴增值税。"

2 所得税

所得税指的是以纳税人的所得额为课税对象的各种税收的统称，一般分为企业所得税和个人所得税，是国家的第二大税收来源，也是企业负担最重的税务项目。

一般企业缴纳的所得税税率通常为25%，即按"利润×25%"来计算；国家重点扶持的特区及高新技术企业税率为15%；小型、微型企业为20%。

个人所得税指的是对个人收入征收所得税，最常见的是每月工资大于5000元的部分需要缴纳个人所得税。个人所得税主要征收项目包括生产经营所得、劳务报酬所得、股息红利所得等。例如，企业负责人、股东的分红要缴纳 20% 的个人所得税，个体工商户经营所得按 5%～35% 的 5 级税率累进计算应缴纳的个人所得税，员工的综合所得则是按 3%～45% 的 7 级税率累进计算。

3 印花税

印花税指的是对《印花税税目税率表》列明的合同、产权转移书据和营业账簿以及证券交易等项目所征的税，根据项目不同，税率也不同。在公司注销时，地税部门一般会核查公司实缴资本印花税、租赁合同印花税以及账本印花税，如果公司有漏缴的部分，则需要依法补齐。

《中华人民共和国印花税法》第五条规定："应税合同的计税依据，为合同所列的金额，不包括列明的增值税税款。"

该法案附录《印花税税目税率表》中详细列明了税目和税率。例如，买卖合同税率是价款的 0.03%，承揽合同税率是报酬的 0.03%，租赁合同税率是租金的 0.1%。商标专用权、著作权、专利权、专有技术使用权转让书据的税率是价款的 0.03%，等等。

4 其他税项

除了以上 3 种主要税项外，公司可能还会面临其他税项，以下是几种常见的税项及其计算方法。

（1）教育费附加。教育费附加的计算方法如下：

教育费附加 = 应缴增值税额 ×3%

（2）地方教育附加。地方教育附加的计算方法如下：

地方教育附加 = 应缴增值税额 ×2%

（3）水利基金。水利基金的计算方法如下：

水利基金 = 收入 × 1‰

（4）工会经费。工会经费的计算方法如下：

工会经费 = 工资总额 ×2%

（5）残疾人保障金。残疾人保障金计算方法如下：

残疾人保障金 =（上年用人单位在职人数 × 所在地人民政

府规定的安排残疾人就业比例－上年用人单位安排的残疾人就业人数）× 上年用人单位在职职工年平均工资，

一般安排就业比例为 1.5%。

（6）城市维护建设税。城市维护建设税的计算方法如下：

城市维护建设税＝应缴增值税额 × 7%

第 5 章
巧妙避税：能省的部分一定要省

税务工作是公司很重要的工作，同样，税务支出也是公司一项重要的成本支出。偷税漏税不可取，但通过合理的方法，也可以为公司节省一部分税务支出。

5.1 通过技术入股的方式避税

技术入股是指技术持有人（或者技术出资人）以技术为代价成为公司的股东。虽然技术是一种无形资产，但技术持有人（或技术出资人）可以对它所能创造的价值进行估计。这样一来，无形资产也就变成了有形资产，可以作为入股公司的条件。

我国已经为技术入股设立了专门的法律法规加以保护，并出台了一些相关政策进行支持。比如，《财政部国家税务总局关于完善股权激励和技术入股有关所得税政策的通知》中规定了对技术成果投资入股实施选择性税收优惠政策，具体如下。

（一）企业或个人以技术成果投资入股到境内居民企业，被投资企业支付的对价全部为股票（权）的，企业或个人可选择继续按现行有关税收政策执行，也可选择适用递延纳税优惠政策。选择技术成果投资入股递延纳税政策的，经向主管税务机关备案，投资入股当期可暂不纳税，允许递延至转让股权时，按股权转让收入减去技术成果原值和合理税费后的差额计算缴纳所得税。

（二）企业或个人选择适用上述任一项政策，均允许被投资企业按技术成果投资入股时的评估值入账并在企业所得税前摊销扣除。

（三）技术成果是指专利技术（含国防专利）、计算机软件著作权、集成电路布图设计专有权、植物新品种权、生物医药新品种，以及科技部、财政部、国家税务总局确定的其他技术成果。

（四）技术成果投资入股，是指纳税人将技术成果所有权让渡给被投资企业、取得该企业股票（权）的行为。

由此可见，技术入股当期可暂不纳税，递延至股权转让时再缴税。同样，如果技术入股方是企业，也可以递延至股权转让时再缴税。投资方递延纳税，被投资方不用递延摊销，这是该政策给企业的一大福利。

事实上，很多公司的创立者同时也是公司核心技术的掌握者。他们之所以能创立公司，就是因为掌握了核心技术。也正是由于核心技术带来的强大竞争力，他们才能在竞争激烈的市场中生存发展。如果他们以技术入股，还能为公司节省一大笔税款。

国家则会针对公司的运营收入征收所得税。所得税是从公司的纯利润中征收的，即对公司的营业所得减去所有营业成本后的部分征收。如果公司的创立者将自己掌握的技术作价后入股公司，那么在计算运营成本时，就需要将这一部分资金计算进去。显然，这样能增加营业成本，从而降低营业所得费用，达到少缴所得税的目的。

5.2 把重心放在电子商务上

电子商务是一种商业模式，它的发展态势非常强劲，在促进国民经济增长方面发挥了很大的作用。因此，国家对这种商业模式非常看好，并给予了政策上的支持。例如，国务院发布《关于大力发展电子商务加快培育经济新动力的意见》中明确指出："从事电子商务活动的企业，经认定为高新技术企业的，依法享受高新技术企业相关优惠政策，小微企业依法享受税收优惠政策。"

印花税是对在我国境内书立应税凭证、进行证券交易的单位和个人，征收的税种。显然，在经济活动和经济交往中会大量使用到具有法律效力的凭证。因此，印花税占企业缴税总额的比例非常大。

如果企业经营管理者将经营活动从线下转移到线上，即开展电子商务模式，就能有效节省一大笔印花税税款。在互联网日渐发达的今天，开展电子商务模式并不难，而且这是一种顺应时代发展潮流的正确做法。

5.3 重新进行流程设置

对于大型产品生产企业来说，还可以通过重设流程的方法节税。重设流程是指重新调整生产、销售的各个环节。例如，摩托车、汽车都属于大型产品，企业在销售这些产品时需要缴纳一笔不菲的消费税。

北京市顺义区是全市重要的现代制造业基地，北京现代、北京汽车等多家知名汽车制造企业均聚集在此。2018年上半年，顺义区的汽车销售量为31.8万辆，贡献税收近百亿元。由此可以看到，汽车税费是一笔巨额支出。为了降低税费支出，企业有必要重新设置生产、销售流程，其中最重要的就是将生产与销售环节分离开来。例如，企业先找到一家专门的销售公司，将产品销售给销售公司，再由销售公司进一步销售产品。不论是将产品卖给经销商还是客户，这些工作都交由销售公司完成。

实际上，企业在生产产品的环节中已经缴纳了消费税。因此，当企业将产品销售给销售公司时，就不需要再缴纳消费税。在这种情况下，让销售公司分销产品就能有效减少企业消费税的缴纳。毕竟在企业经营的过程中，其价值链主要包括生产和经营两个环节。由此可以看出，这种节税的做法是切实可行的。

5.4 不要让合同随意作废

为了保障劳动者的合法权益，《中华人民共和国劳动合同法》（以下简称《劳动合同法》）要求用人单位依法与劳动者签订劳动合同。事实上，大部分用人单位也的确依照《劳动合同法》的要求做了。但是，有些企业领导比较善变，总是将签订过的劳动合同轻易作废，重新签订。殊不知，这种行为会增加公司税款的缴纳，给公司带来资金压力。

张鹏是一位资深的陶艺匠人，同时也是张氏陶艺店的老板。凡出自张鹏之手的陶器，都能赢得消费者的青睐。随着客流量的增多，张鹏一个人已经难以应付店内事务。所以，张鹏聘请了几位陶艺匠人作为员工，分担自己的工作。找到合适的陶艺匠人后，张鹏依法与他们签订了劳动合同，并向税务部门进行了申报。

然而，过了一段时间后，张鹏发现合同中有些条款不太合理。于是，他告诉聘请的员工："由于我发现之前签订的劳动合同存在不合理之处，为了保障大家的权益，我决定将之前的合同作废，再重新签订一份劳动合同。"张鹏于是又将新签订的合同向税务部门进行了申报。

月底，张鹏在核算自己的营业收入时，发现税务部门竟然向自己征收了两次印花税。张鹏感到不解，来到税务部门进行咨询。税务部门的工作人员告诉他："由于你提交了两次劳动合同申报，因此征收了两次印花税。"

据《中华人民共和国印花税法》的相关规定，印花税的纳税义务发生时间为纳税人书立应税凭证时，对于企业来说，签订劳动合同时要为此缴纳印花税，如果再签订一次劳动合同，就需要再缴纳一次印花税。所以，为了降低税费支出，企业经营管理者切不可轻易将包括劳动合同在内的各种合同作废。

5.5 只要有进项，就得有发票

公司在经营过程中，既需要为购买原材料、聘请员工支付一定的费用，也会因为销售产品或提供劳务而获得一定的收入。在这个过程中，前者称为进项，而后者称为销项。公司所要缴纳的税费的税基就是销项减去进项后的余额。在这种情况下，如果公司想要少缴纳税费，就需要增加进项的比例。

进项通常包括购买办公用品的进项、购买机器设备的进项、购买汽车的进项、汽车加油的进项、汽车修理和购买汽车配件的进项、购买低值易耗品的进项，等等。事实上，这些进项都属于公司的必备物品，是公司运营成本的一部分。所以，在缴纳税费时需要将这一部分支出排除在外。

需要注意的是，普通的收据不能达到减税的目的。因为普通的收据随时随地都可以开具，不具有较高的可信性，更不具有法律效力，所以税务机关并不承认普通收据。办公物品的购买对于一个公司来说是不可避免的，那么如何才能让这笔费用成功记入运营成本之中，并得到税务机关的认可呢？

公司工作人员在购买这些设备时，应该向卖家出示自己的身份，并索要符合税务机关要求的发票。一般来说，卖家为了少缴纳税费，不会主动开具专门的发票，而会选择开具普通收据。但如果买家主动要求，卖家也会同意开具发票。所以，公司采购人员一定要主动索要发票。

赵晔是北京一家私人教育机构的教务员，他除了负责教育机构的排课工作和管理日常上课事务外，还负责教育机构教学用品的采购工作。他上大学时选修了法律课程，因此对税法知识比较精通。凡是由赵晔采购回来的物品，各种发票都非常齐全。所以，每当教育机构的财务拿着这些发票去税务机关缴税时，都能审核通过。

原来，赵晔给自己印了一套带有教育机构名称、纳税识别号的名片，所以不论去哪里采购物品，只要出示名片上的信息，就能开到齐备的发票。想要利用这种方式节税的企业，不妨学习赵晔的做法。

5.6 无论如何不能耽误报税工作

蓝甜最近刚在上海一家公司找到了一份会计的工作，办理完入职手续后她便投入到工作当中。一个月以后，蓝甜按照规定去税务机关报送预缴企业所得税纳税申请表。然而，税务机关工作人员却告诉蓝甜说："你先把3000元的罚金缴纳了，再办理这个月的申请表。"蓝甜听了后表示很不解，因为她的工作都是按照法律法规的要求进行的，并没有违背规定的行为，怎么会产生罚金呢？

税务机关的工作人员告诉蓝甜说："这笔罚金不是这个月产生的，而是因为贵公司上个月未按时申报所致。"蓝甜缴纳完罚金，办理好申报后，带着罚金缴纳凭据回到了公司，并把凭据交给了公司负责人。公司负责人说:"以前以为财务就是统计、发放员工的工资,没想到财务才离职半个月就让公司白白蒙受了3000元的损失。看来财务的确是公司顺利运营的保障。"

公司人员流动是正常的事情,但即使财务人员离职了,还是应该按时向税务机关交送企业所得税纳税申报表以及缴纳税款,否则就会面临罚款的处罚。这对公司来说无疑是一笔损失。

《中华人民共和国企业所得税法》(以下简称《企业所得税法》)第五十四条规定:"企业所得税分月或者分季预缴。企业应当自月份或者季度终了之日起十五日内,向税务机关报送预缴企业所得税纳税申报表,预缴税款。""企业在报送企业所得税纳税申报表时,应当按照规定附送财务会计报告和其他有关资料。"

《中华人民共和国税收征收管理法》第六十二条规定:"纳税人未按照规定的期限办理纳税申报和报送纳税资料的,或者扣缴义务人未按照规定的期限向税务机关报送代扣代缴、代收代缴税款报告表和有关资料的,由税务机关责令限期改正,可以处二千元以下的罚款;情节严重的,可以处二千元以上一万元以下的罚款。"

公司的管理者和人事部负责人都必须关注和重视财务人员的流动,一旦有财务人员提出辞职、调换申请,应及时开展招聘工作,补充空缺职位。如果短时间内没有招聘到合适的人员,就应该让财务人员在离职之前去税务机关提前缴纳税费及报送申报表,以免给公司带来损失。

5.7 不要小看坏账的作用

任何事情都有两面性,很多时候换一个角度思考问题、看待问题,就会有不一样的发现。在公司经营过程中,难免会出现一些无法收回的应收账款,这样的账款称为坏账。虽然坏账为公司的经营带来了损失,但从节税的角度来看,却是一件好事。

不同性质的公司对坏账的定义有所不同。例如,对于外企来说,2年及以上收不回来的应收账款就能列为坏账;而对于国内企业来说,3年及以上未收回来的账款才能算为坏账。所以，当公司财务想要以坏账冲抵税基时，先要确定未收回来的应收账款是否属于坏账的范畴。

李大海接了一单业务，内容是为一位京东平台上的卖家优化店铺设置。这是李大海最为擅长的工作，所以他很快按照客户要求完成了工作，客户也对李大海的工作成果非常满意。但是，支付费用时，客户却找各种理由拖欠，最后干脆表示自己没有赚到钱，所以支付不了费用。

李大海非常生气，没想到还会遇到这样不讲信用的客户。不过值得庆幸的是，李大海听取了妻子的建议，在签署合作合同时收取了60%的定金。再加上妻子告诉他，这笔费用到时可以作为坏账处理，能冲抵运营成本，让公司少缴税费。这样看来，虽然遇到了不讲信用的客户，但还好并未给公司带来较大的财产损失。

因此，如果公司在经营过程中不幸遇到了不讲信用的客户，或者遇到合作方破产的情况，公司管理者也不用过于担心。只要有合作合同，那么过了2年或3年以后，这笔费用就能作为公司的运营成本。这也告诫创业者，公司在与业务方进行合作时，一定要签署合作合同。否则，最终就会形成死无对证的局面，坏账也不能成立。

5.8 公司是否需要为预收账款纳税

通常情况下，企业与企业之间在展开业务合作时，业务方为了表示合作诚意，也为了保证业务承接方能顺利开展工作，往往会预先支付一部分定金。对于业务承接方来说，这笔定金就是预收账款。那么，预收账款是否要缴纳税费呢？

据《中华人民共和国增值税暂行条例》第十九条规定，增值税纳税义务发生时间如下。

（一）销售货物应税劳务，为收讫销收款项或者取得索取销售款凭据的当天；先开具发票的，为开具发票的当天。

（二）进口货物，为报关进口的当天。增值税扣缴义务发生时间为纳税人增值税纳税义务发生的当天。

根据以上法律条文的规定，从增值税角度来说，预收账款一般不产生增值税纳税义务。但从企业所得税角度来说，预收账款在特定情况下也会产生纳税义务。

《财政部 国家税务总局关于全面推开营业税改征增值税试点的通知》附件1《营业税改征增值税试点实施办法》第四十五条第二款规定："纳税人提供建筑服务、租赁服务采取预收款方式的，其纳税义务发生时间为收到预收款的当天。"可见，如果公司向客户提供租赁等服务，在收到预收账款当天就会发生纳税义务。

除此之外，《营业税改征增值税试点实施办法》第四十五条第一款规定："纳税人发生应税行为并收讫销售款项或者取得索取销售款项凭据的当天；先开具发票的，为开具发票的当天。"可见，如果公司在收到预收账款时开具了应税发票，就会发生纳税义务。对此，公司可以先为客户开具不征税的发票（税收分类编码601等），这种发票类似于收据，不会发生纳税义务。

李大海是一名资深的IT工作者，在某互联网大公司工作期间，他积累了丰富的代码编写经验。年近40岁时，李大海从公司辞职，准备自己创业。由于他掌握了扎实的技术，加上之前积累的人脉，公司很快就开张营业了。半年时间下来，虽然李大海接到了很多业务，但除去运营成本后，李大海发现自己获得的利润并不多，甚至还没有他当初在公司当工程师时的工资多，这让李大海开始怀疑自己当初的决定。

李大海将自己的困惑告诉了妻子。他的妻子是一名资深会计师，所以妻子提出要帮他查看账目表，看看究竟是哪一个环节出了问题。妻子看完他的账目表后，表示知道问题出在哪里了。首先，李大海的妻子让李大海将自己所掌握的编程技术进行估价，然后入股到公司中；其次，李大海的妻子又调整了公司的福利制度，将以前逢年过节发放过节费的福利制度取消，改为年底双薪的福利制度；最后，李大海的妻子告诉李大海，以后谈好业务之后，要尽可能多地收取定金，至少要让对方支付

30%以上的定金。李大海按照妻子的这些建议对公司管理了一年之后，公司的财务情况有了明显好转。

5.9 办公场地：租赁优于购买

小王是一名室内设计师，多年的工作经验让他能在这个行业中独当一面。于是，他开了一家属于自己的工作室。工作室的规模不算太大，所以也不需要很大的办公场地。为了节省费用，小王就将自己的一套三居室改为了办公场地。经过一番设计和装修后，办公场地十分温馨舒适。小王对自己的杰作非常满意，还为省下了一笔不菲的房屋租金而暗暗高兴。

然而，当工作室运营了一段时间以后，小王按照法律法规的要求去税务局缴纳税款时，却怎么也高兴不起来了，因为所要缴纳的税款实在不是一笔小数目。缴纳税款回来后，小王粗略地给自己算了一笔账，除去人工费、物料费等各种运营费用以及税款后，几乎没有利润。

事实上，很多创业者，尤其是开公司的新手，都遇到过类似小王这样的问题。那么面对高额的税款，该如何依法应对呢？其实像小王这种情况，可以通过租赁办公场地来减少税款的支出。小王用自己的房屋作为办公场地，看似节省了一大笔租赁费用，实则会让他缴纳更多的税费。

如果小王选择租赁办公场地，那么这笔租赁费用也将计入运营成本之中。按照《中华人民共和国企业所得税法》的相关规定，在缴纳税费时要先减去公司的运营成本。显然，这时税基就会降低，所要缴纳的税费自然就会减少。

另外，租赁办公场地这种做法还有一些优点，如办公场所更换更加容易。由于办公场所是租赁的，因此在公司经营过程中若发现办公场所的区域位置不方便，可以及时进行更换。相反，若用自己的房子作为办公场地，即使区域位置再不利，也不能轻易更换。

从另一个角度来看，用来租赁的办公场所一般是公司的集中地。

这种地方的工作气氛浓厚,工作效率也会更高。在这种地方开设公司,尤其是新公司,还能学习他人的管理方式方法,加强公司的企业文化建设。

除此之外,创业者还可以租赁大型机器设备。由于大型机器设备的价格比较昂贵,如果创业者选择购买,一方面会给自己带来巨大的资金压力;另一方面则会缴纳更多的税费。所以,不论从哪方面来看,租赁大型机器设备都是一个不错的选择。总之,对于一家公司来说,能够租赁的,尽量不要购买。否则从长远来看,就是增加自己的运营负担。

5.10 做慈善性捐赠有技巧

2008年的奥运会在北京举行。自申奥成功以后,我国就开始筹备这一事项。尽管奥运会的场地建设需要一大笔费用,但这难不倒泱泱中华。在国家举行大型活动、建设大型场所时,一大批企业纷纷开展了捐赠活动,如中国石油、中国移动、中国银行、大众汽车集团、国家电网都是这次捐赠活动的主角。

对于这些做了好事的企业,国家的嘉奖是,这些企业捐赠的资金都不计入所得税税基范围内。也就是说,这些企业因支持国家的公共事业而无偿捐赠,最终少缴纳了一大笔税费。可以说这是一件一箭双雕的好事,既体现了企业的社会责任感,又减轻了企业的税款压力。所以,各大企业在盈利的同时也可以参与公益活动,为需要帮助的人无偿捐赠物资。

我国对公益性捐赠有明确的税收优惠。《中华人民共和国企业所得税法》第九条规定:"企业发生的公益性捐赠支出,在年度利润总额12%以内的部分,准予在计算应纳税所得额时扣除;超过年度利润总额12%的部分,准予结转以后三年内在计算应纳税所得额时扣除。"《中华人民共和国企业所得税法实施条例》第五十一条规定:"企业所得税法第九条所称公益性捐赠,是指企业通过公益性社会组织或者县级以上人民政府及其部门,用于符合法律规定的慈善活动、公益事业的捐赠。"比如企业在汶川地震重建、北京奥运会和上海世博会等事项中通过公益性社会组织或县级以上人民政府及其部门进行的所有公益性捐赠都可以纳入免税范畴之中。

当然,如果企业的捐赠不属于公益性质,则不享有免税优惠。所以,企业若想通过公益捐赠这种方式达到节税的目的,还需要确保自己的捐赠活动属于公益性质。否则,对于小型公司来说,这样只会加重自己的资金负担。

一般来说,企业向国家税务机关认可的渠道和单位进行捐赠,并在捐赠之后索要符合税法规定的接受捐赠的专用收据,在缴税时向税务机关出示收据,就能享受税费优惠政策。

2016年重阳节来临前夕,北京市社会福利企业协会以"关爱老人,回馈社会"为主题,推出了"献爱心慈善一日捐"活动。活动开始后,北京市多家企业积极参与。其中有一家纺织企业向该福利企业协会捐赠了300万元,并领取了捐赠收据。到了缴税时,该纺织企业出示了这份捐赠收据,但被税务机关告知这份收据无效,不能享受税费优惠政策。

原来,该社会福利企业协会并不在《中华人民共和国公益事业捐赠法》(以下简称《公益事业捐赠法》)规定的基金会、慈善组织等公益性社会团体的范畴内。《公益事业捐赠法》第十条规定:"本法所称公益性团体是指依法成立的,以发展公益事业为宗旨的基金会、慈善组织等社会团体。"另外,纺织企业领取的捐赠收据也不属于公益性捐赠收据。所以,这只能算是纺织企业自身的捐赠行为,不能享受税费优惠政策。

5.11 多准备、多沟通,减少罚款

税款缴纳是有依据可循的。但是,由于事物处于不断发展变化之中,为了让税务规定能适应不断变化发展的市场现状,也就需要经常性地改动。在这种情况下,可能会出现一种现象,即新的税款缴纳规定已经出台,但公司的管理者和财务人员并不知道,于是就会出现财务人员向税务机关递交的申报表、发票不符合规定的情况。而税务机关对于这种情况,一般会处以50元以上,2000元以下罚款。

事实上，这种情况并非没有解决措施。另外，基层税务机关工作人员对于2000元以下的罚款享有酌情权。所以，作为财务工作者，在遇到这种情况时，可以与税务机关的工作人员进行沟通。

但是，造成事件发生的根本原因是财务工作者对新政策疏于了解，因此在与税务机关工作人员沟通时，态度要诚恳，要敢于承认自己的错误，并表示改正错误的决心。否则，即使税务机关工作人员有权酌情减免罚款，也不会行使他的权利。

另外，事前做好充分的准备工作，其效果会更优于事后补救。那么，该如何进行事前准备工作呢？一般来说，财务工作者可以提前与税务机关的工作人员进行沟通，即提前问清楚是否有税务规定上的调整、变动，若有变动，则要了解具体变动的内容，从而有效避免错误操作情况的出现，降低其给公司带来损失的风险。

中篇
运营管理篇

第 6 章
项目为王：没有好项目，创业只能屡屡失败

选择一个好项目对于创业者来说至关重要。首先，创业项目决定着创业者自身的潜能能否被全面地、正确地释放。其次，创业项目影响创业过程的难易程度。最后，创业项目对创业者有激发性，项目与人的契合程度高，就会带来可观的收益；反之创业就会像逆水行舟，不进则退。

许多创业者因为受市面上宣传的创业成功案例的影响，一时冲动就盲目入行，这其实是非常不理智的做法。就像世界上没有完全相同的两片树叶一样，世界上也没有完全相同的两条成功之路。因此，创业之前的项目选择十分重要，没有好项目，再专业的团队也只能是昙花一现。

6.1 为什么 10% 以下的利润率很难生存下去

很多创业者在选择创业项目时，都认为项目只要能盈利就能存活下去。事实并非如此，一些利润率低的项目是很难维持公司的生存的，更不要说为创业者赚钱了。

一位广东的制造业老板在连续两个月招不满工人后，终于选择关闭了自己经营多年的工厂。这位老板说，近几年工厂中的各个岗位都面临着缺人的情况，有时甚至严重到无法开工，今年更是连续招了两个月，也没有招满人。另外，工厂刚建立时，工人的工资只要 1800 元，很多人都抢着做，但现在保底工资涨到 4000 元，并且包食宿，也很难招到人。

这位老板也想过用高工资吸引更多的工人，但工厂的利润率却一直

很低。工厂一年的销售额能达到8000万元,但毛利只有600万元。这600万元还要用来缴税,如城建税、印花税、房产税、土地使用税等,另外还有销售费用、物流费用、管理费用,这些都是不能避免的支出。

除此之外,这位老板还要还银行利息。因为工厂进货时都必须先付全款后提货,而销售收款却有较长的周期,一般为45～180天,即工厂要预先垫付2～6个月的货款,这给企业流动资金的周转带来了巨大压力。工厂需要在自有700万元流动资金的基础上再向银行借款1300万元,才能保证正常运转。另外,银行贷款收费的名目也很多,工厂上一年累计支付了110万元的银行利息。将这些费用都扣除后,这家工厂的净利润只有40万元。

另外,虽然原材料的价格在不断上涨,生产成本也越来越高,但为了能维系老客户,这位老板一直不敢上调产品价格,这就造成了工厂的利润率越来越低。

现在,这位老板将自己的厂房租给了其他公司,一年的租金有180万元,缴纳土地使用税和房产税后,还剩余130万元。租金的收入甚至高于这位老板辛苦经营工厂的收入。

从上述案例可以看出,一个低利润的项目,运营起来是很"累心"的。传统的低端制造业靠着低成本和薄利多销盈利,但随着用工成本、材料成本的提高,最后只能像上述这位老板一样关门大吉。创业者在选择创业项目时,最好不要选择利润率在10%以下的项目,这样的项目或许入行比较简单,但因为盈利能力差,会让公司的现金流一直处在紧张状态,很难维持长远的发展。

6.2 既要低成本,又要高毛利率

创业最难的大概就是选择项目了。创业项目比比皆是,但创业成功的人却凤毛麟角,这是因为大部分创业者没有真正选对创业项目,他们通常是只看到了一点蝇头小利就盲目入行,结果淹没在了创业的洪流里。

那么，如何判断一个创业项目是否能快速启动呢？

首先，创业项目是否能快速启动要看它的市场前景有多大。一个项目投入市场中，创业者要先设想它的目标用户有哪些？他们是否有较大的需求？他们的使用频率是多少？市面上的竞争产品有多少？这些问题都是判断项目市场前景的标准。

例如，分析电销机器人项目的市场前景。从目标用户需求来说，一个电销机器人可以代替5个人工销售，既能降低成本，又能提高工作效率，可以说市场需求非常巨大。另外，电销机器人作为新兴产业，目前的市场份额很高，因此是一个非常有市场前景的项目。

其次，一个项目要足够"独特"才能在市场上站稳脚跟。市场上从未出现过的产品对用户有着天然的新鲜感和吸引力，这种吸引力促使用户尝试使用产品，使用后用户发现产品的其他功能优势，然后选择继续留存。例如，小程序项目为什么会大受欢迎？这是因为小程序不同于传统App，无须用户安装下载注册，可以"即开即用"，不仅节省了手机内存，而且能快速解决用户的问题。

最后，有清晰的盈利模式才能让创业项目长远发展。例如，时下流行的内容付费项目，其盈利模式就是为内容埋单，该内容可以是产品、知识或服务等。内容付费的盈利模式也不止一个，广告、打赏、引流、软文等都属于为内容付费的方式。有些博主的一篇软文广告的盈利可以达到几万元甚至几十万元，这就是清晰的盈利模式带来的变现能力。

总的来说，初期的创业项目最好选择低成本、高毛利率的。低成本意味着进入成本低，方便创业者进行试错；高毛利率则是指产品的客单价高，按照毛利率的计算公式，即（收入－成本）/收入×100%，可知当成本不变时，收入越高，毛利率越高。毛利率是指公司的纯利润率，如毛利率30%，说明单价为100元的产品，其中有30元是利润。毛利率高的产品能避免公司陷入价格战的泥潭里，也可以让创业者在创业初期足以扛住激烈的市场竞争带来的压力。

现如今，许多创业者认为大部分低成本高毛利率的创业项目集中在互联网上，如抖音电商、自媒体等，无论是直播收礼物，还是卖产品接广告，都没有太高的入门成本，利润相当可观。

实际上，除互联网外，线下也有很多低成本、高毛利率的好项目，能否找出来，则要看创业者有没有发现好项目的眼力。

创业者A是一名大学生，一次他在和同学聊天的过程中了解到，因为学校位置离北京很近，班里很多同学想去北京旅游。这让A发现了商机。他先去找了附近的旅行社，可交涉到最后旅行社给出的价格也只比标准价格便宜20元，这个价格无法在学校里吸引到客源，实现盈利。

于是A换了一个思路，决定自己租大巴车组团去。他先列出了组团去北京需要解决的问题，分别是大巴车、景区门票、住宿、吃饭、导游等，然后一一解决。A先联系了20家大巴车租赁公司，经过比价之后选择了其中报价比较低的几家，再经过谈判作出了最后选择。

为了稳妥起见，A首先模仿旅行社安排旅游路线，选择和旅行社酒店位置相近的酒店；然后和酒店经理商谈价格，得到了比较实惠的食宿价格。另外，因为这次旅行主要面向校内学生，而景区门票对学生群体都有额外优惠，所以价格相当实惠。最后，算上所有的成本，一个人大概能带来80元净利润，A获得的收入比与旅行社合作多了3倍。

于是，A开始在校内宣传。一开始他在学校各处贴传单，传单写得比较详细，所有的行程都清楚地标在了传单上。但传单的效果并不好，然后A改变了传单文案，只标明了目的地、时间、价格和联系方式，并扩大了发传单的范围，这一次很快就有了报名交定金的人。A又加订了大巴车和酒店食宿，但这一次的报名人数止于60人。

为了补齐剩余的40人，A开始进宿舍推销，把传单派发到每位同学的手上。最后终于组织了100人出行，完成了本次项目任务。

这一次北京游让A发现了大学生周边旅游的商机，于是他又组织了第二次、第三次北京游，以及周边其他城市的旅行团，慢慢有了自己的品牌和团队，在周边许多大学中建立起了口碑。

本案例中的创业者A找到了一个低成本、高毛利率的项目，而且在项目进行过程中没有盲目投入资金，而是按照报名人数加订大巴车和酒店，最大限度地降低了项目风险。

6.3 轻投入，又要有一定门槛

以往的创业项目可选择性很小，创业者要在前期承担巨大的风险，就像走在钢丝绳上一样，稍不留意就满盘皆输。例如，开小吃店或小超市，需要先支付店铺租金、水电费，然后进货，再进行宣传，最后才能盈利回本。这意味着这家店前几个月都是亏损的，而且创业者也不能保证店铺所在区域的盈利能力，只能摸着石头过河。

面对这样的困境，创业者要学会转变思路，学会轻资产、轻投入，即轻创业。创业者看好某个项目，可以先投入一部分资金进行试水，然后追加投资做大品牌。例如，想开一家杂货店，可以先建立社群，然后进货在社群里试卖、吸粉，采用外卖形式进行配送。这样可以节省一大部分店铺租金、人工费，最大限度地减少了退出时的损失。创业初期并不需要有店、有规模，而是需要创业者有市场、有成交。

许多创业者都曾担心轻投入的创业项目是不是门槛都比较低、竞争很激烈。但轻投入只是一种思维，并不是让创业者找一个门槛低、没有特色的项目。下面介绍几个轻投入的项目案例供大家参考。

1 卓也小屋民宿

卓也小屋是一家复古乡村式民宿，从街道设计到房间摆设都体现了乡村风格，就连餐厅中的食材也是主人自己种植的。为了保留文化的原汁原味，卓也小屋的主人十分用心地保存了房屋的原始状态。卓也小屋民宿坚持保持中国台湾早期的文化和生活方式，这里只有最淳朴的体验，也正是这种淳朴吸引了很多慕名前来的游客。

卓也小屋民宿并没有像其他民宿一样花大价钱改良装修，建造人为景观，而是注重修缮和保留，把最淳朴、最原始的文化展现给游客。这种轻投入的思维也让"淳朴"这一特点成为它区别于其他民宿之处。

2 飞牛牧场

飞牛牧场股份有限公司最开始单纯经营养殖业，然而传统行业投入大、竞争激烈，并没有太好的盈利效果。于是飞牛牧场改进了原来的养殖业经营模式，进行"文创+品牌+体验"转型。其一方面利用地理环境优势，整合生态资源，设计休闲景观区，让整个牧场突出游玩的特色；另一方面建造蝴蝶生态园区、可爱动物区，让小朋友可以近距离接触小动物，同时配套销售牛奶饮食、牛奶礼品，让整个牧场成为亲子活动的目的地。

该案例是传统企业成功转型的一个典型。在整个转型过程中，飞牛牧场并没有盲目跟风，而是依托自己的地理环境优势，围绕"牧场"建立了品牌的产业链，实现了"文创+品牌+体验"的转型。

6.4 发现好多同行都赚到了钱

很多创业者在选择项目时，都是参照同行去选择的。同行做某个项目赚了很多钱，于是自己也投资去做，可往往不如同行做得好。这是因为创业者只模仿到了外形却没有模仿到精髓，即没有弄明白同行凭借什么优势赚钱。

创业者在开始做一个项目时一定要明确项目的盈利点在哪里，盈利点常与目标消费群的需求相关。例如，喜欢钓鱼的人与喜欢吃鱼的人对鱼有不同的认知。喜欢吃鱼的人需要的是鱼本身，他们不在乎鱼是怎么钓上来的；而喜欢钓鱼的人则看重钓鱼的过程，甚至为了钓鱼可以起早贪黑、翻山越岭，至于钓多少鱼，其实并不重要。所以，如果创业者想做一个关于"鱼"的项目，就要先明确自己的目标消费群是喜欢"钓鱼"的人还是喜欢"吃鱼"的人，然后确定该项目是侧重"钓"的体验还是"吃"的体验。

很多人做项目都是靠跟风，跟风虽然适合创业起步期，但如果不能把那些成功的项目理解透彻，只是单纯地模仿，则无法创造另一个盈利"神话"。

创业者需要知道一个真正暴利的项目是如何来的，它有哪些特点。以细分领域为例，细分领域是大行业衍生出的领域，如狗粮行业有幼犬狗粮、成年犬狗粮、孕犬狗粮等。这是针对某一消费群的不同需求建立的细分领域。还有的细分领域其消费群体本身就是小众群体，需求整体较小，甚至一般人难以接触到。这种细分领域的优点很多，如市场竞争小、消费者的购买力强、忠诚度高等，这同时也是一个暴利项目应该具备的特征。

创业者B是一位基层公务员，尽管这份体制内的工作让许多人羡慕不已，但她并不满足于现状，一直想实现自己的创业梦想。有一次，她看到一家文化公司推出为普通人写回忆录的业务，这个文化创意让她眼前一亮。

她想起自己的爷爷曾对她说，自己曾经在一家工厂任厂长几十年，现在退休了，想写一本回忆录记录曾经的故事。B发现现在的人大多用照片和视频记录生活，虽然清晰真实，但未免太流于形式，不如文字更有味道。另外，现在许多文化公司做的回忆写真也大多是照片形式，那么自己是不是可以做一个用文字为普通人定制记忆写真的项目呢？

B先进行了市场调研，发现她所在的城市还没有做类似业务的公司，于是她毅然辞去了工作，以10万元资金注册了一家为普通人撰写回忆录的文化公司。

B的公司的第一单业务，是为一对八十多岁的爷爷奶奶撰写情感回忆录。首先，B主动上门与两位老人聊了一整天，记录了两万多字的素材；然后，她把这些素材分为爱情、事业、家庭等几个板块，并给这本书起名为《我们俩》。几个月后，她把这本回忆录交给两位老人时，他们非常感动地对她说："谢谢你让我们的情感故事可以流传下去。"这本回忆录是两位老人平凡岁月的最好见证，虽然大多只是日常生活中鸡毛蒜皮的小事，但对当事人来说却有着独特的意义。

B的第二单业务的服务对象是一位坐着轮椅的阿姨，这位阿姨想出一本回忆录，记录她一生经受的苦难。阿姨告诉她，自己一出生就有先天性残疾，终身只能与轮椅为伴，后来因为身体残疾，学业和工作都不顺。但在交谈中B发现，这位阿姨的人生并不像她所说的那样灰暗，其实她很幸福。她事业成功，家庭美满，如果从这个角度看，阿姨的人生更像是一篇励志故事。B向阿姨提出了这个建议，阿姨很惊喜，因为她从没有从这个角度思考过自己的人生。这位阿姨的回忆录表现出了每一个人的人生都是喜忧参半的，人生就是这样痛并快乐着。

B的项目受到了政府的大力扶持，被列入了"孵化器"，同时相关部门还对其提出了许多宝贵的意见和建议。随着公司的订单增多，B开始组建自己的团队，她从当地大学的应届毕业生中选出了十多个人，成立了自己的撰写团队，他们大多是"90后"，愿意和B一起做这个新奇又有意义的工作。

可好景不长，公司很快陷入了资金问题。办公室每个月的房租将近5000元，再加上员工工资和外出采访费用，让B不堪重负。于是B开始扩大宣传，让公司理念尽快被更多人熟知，以求为公司带来更多的订单。

随着公司的口碑提升，更多的人认可了B这种为普通人写人生的创意理念。基于她的真诚和勤奋，公司员工群策群力，不久便让公司重新走上了正轨。随着客户的增加，B又推出了怀孕宝宝日记、在路上、峥嵘岁月、爱情回忆等回忆录业务。

B的公司成功迈入了第二个年头，客户涵盖了20多岁的年轻人到80多岁的老爷爷老奶奶，创造了上百万元的经济效益。

但B没有满足于现状，她参加了一档创业节目，向投资人介绍自己的经营理念，最终获得了150万元的风险投资。另外，她还计划将回忆录撰写业务扩展到"全媒体"领域，她准备创办一家网站，把一些有趣的故事进行文学再加工，然后连载，扩大影响力，借助互联网的力量来宣传回忆录项目。

本案例中的创业者B从一家文化公司的回忆录业务中受到了启发，但她没有直接跟风去做，而是在进行市场调研之后，另辟蹊径，选择了以文字形式为普通人撰写回忆录。虽然前期不被人理解，但当越来越多的人接受之后，反而形成了一个巨大的市场缺口，让创业者B的公司可以一步步地扩大规模。

6.5 不一定能做大,但能小富

基于国家政策的支持和市场机会的增加,创业已经是司空见惯的事了。创业的人虽然很多,但真正的成功者却少之又少。许多创业者为了把事业做大,不惜变卖家产进行融资,最后不仅没有挣到钱,还赔上了全部身家。如果做不成少数派,那么做一个小富即安的创业者也不失为一种不错的选择。

《低风险创业》一书中有一个章节为"从抱怨中发现低风险创业的机会"。痛苦和机会相辅相成,会思考的人把痛苦变成了机会,而只会抱怨的人到最后也只能抱怨。

例如,很多人抱怨从家到地铁站的距离太远,于是就有了摩拜单车;很多人抱怨回家太晚无法做晚餐,于是就有了美团外卖。

当然,像这样成功的案例也只是少数。但如果创业者不盲目追求做大,只求小富即安,其实可以遇到更多机会。那么,如何做一个小富即安的创业者呢?

做一个小富即安的创业者最核心的方法是从生活中的痛苦和抱怨中寻找机会。这个机会不需要很大,它只要能解决一部分人的需求和痛点即可。这一部分人就是创业者的目标消费群,他们虽然不能帮助创业者做大,但是可以给创业者带来小富即安的生活,让创业者在忙碌的工作中还能体会到生活的乐趣。

创业者C创办了一家读书会。起初他没有想过要把读书会发展到很大规模,就只是在朋友圈发了一条信息:"我建了一个读书会,分享读书心得,感兴趣的朋友可以付费进群体验一下。"C之所以会有创办读书会的想法,是因为他觉得现在的人都在碎片化阅读,生活很浮躁,而且阅读的内容杂乱无章,非常没有营养。后来他又发现很多人希望能够阅读一些经典又有价值的书,但苦于没有时间阅读整本,最好有一个工具帮他们筛选出一些精华,让他们可以有更高的阅读效率。

正是基于这些痛点和需求，C结合自己阅读的兴趣爱好，创办了这个读书会，通过分享知识来帮助群成员提高阅读效率。C给自己设立的目标是小富即安，不求做大规模，只要能收支平衡即可。另外，他的这个尝试风险很低：一是零成本创业，没有太大的固定开销；二是读书是他自己的兴趣爱好，创业的过程于他而言也是享受的过程。

后来，在一些朋友的帮助下，C的项目意外有了非常火爆的反响。但即使后期C的读书会的规模越做越大，他也没有忘记自己的初心，他时常沉淀下来，思考群内的知识是不是能为群成员提供价值，然后根据群成员的需求改进读书会的内容。

本案例中的创业者C始终把小富即安当作自己的经营理念，从没有去盲目地追逐资本。这个理念值得很多创业者思考，创业者在创业伊始不要想着能做到多大规模，不妨就只单纯做好当下的事，只解决一小部分人的烦恼或问题，这样就可以轻松上阵，不必被一个无法实现的长远目标压得透不过气。

6.6 如何用最土的办法找到好项目

创业者D走出校园已经4年了，但他4年来的工作经历并不顺利。刚步入社会的D降低姿态，放弃了自己的爱好和专业，即使是专业不对口的工作他也愿意虚心学习，但这些工作始终让他感觉很吃力。

后来，他无意中看到了一则招工广告，是去农场打理树林，暂时找不到更好工作的他打算去试试。来到农场，他发现这里的景色非常好，绿树成荫，鸟语花香。农场老板从事汽车销售工作，因为从小喜欢森林，所以租来这片土地，种上树，作为工作之余的消遣。农场老板为D开出了优厚的工资待遇，D觉得在这里工作，每天与美景相伴，心情都变得很舒畅。

秋天来了，树林里落满了树叶。正逢D的同学来看望他，同学看到这片景色后，非常羡慕地对D说："好美的景色，我整天待在写字楼里，从未看过这么美的落叶。"D 开玩笑地让同学捡几片回去，同学真的作势捡了起来。就这样，D 挑选了几片外表好看、颜色均匀的落叶，给同学带了回去。

一周后，D 收到了同学的电话。他在电话里告诉 D 自己的同事都特别喜欢这些落叶，并愿意出钱购买这些漂亮的叶子。D 从中发现了商机，既然有人喜欢落叶，并愿意出钱购买，那是不是可以在网上专门卖落叶，让那些常年生活在城市中的人不出家门就能欣赏秋景？另外，自己工作的地方落叶多，不需要很多成本。

很快 D 就开起了卖落叶的网店，他打出广告："在家里赏秋景，一包落叶 19.9 元。" D 提供了红色、黄色、绿色 3 种叶子，大小不一。为了保鲜，D 把叶子放在透明盒子里，然后加入适量的甘油和水。D 很快就接到了 200 份订单，而且订单数量还在持续增加。

很多人都觉得找不到好项目，所以创业梦一直未能践行。但从创业者 D 的案例看来，创业项目并不一定需要用多专业的方法去寻找，它可能只源于生活中的灵光一闪，或者用最简单的"土办法"就能找到。下面介绍几个寻找创业项目的好方法。

1 从你的兴趣爱好入手

每个人都有自己的爱好，如果能把自己喜欢的东西做成一份事业，自然是最好不过了。很多人认为自己没有爱好，其实不然，不是你没有爱好，而是你没有发掘出这些爱好的价值。

先不谈哪些爱好能做成一份事业，创业者可以先把自己喜欢做的事列出来，如逛街购物、运动、音乐、美术、烹饪、摄影、旅游等。

那么如何从这些爱好中发现商机呢？创业者要先思考一个问题，即是不是可以通过自己的这些爱好找到一批和自己有着相同爱好的人？如果把他们聚集起来，能不能卖出去相关的产品或服务？例如，创业者喜欢打乒乓球，那么是不是可以把自己的心得体会和他人分享，包括打乒乓球的技巧、打球过程中怎样避免受伤、选购乒乓球拍的注意事项等。一个同样喜欢打乒乓球的人看到创业者分享的这些东西，觉得志同道合，就会慢慢和创业者建立朋友关系。如果创业者在这时再向其销售乒乓球拍或运动服，就很顺其自然地把这个朋友转化成了客户。

这样的案例还有很多，它们的原理都很简单，甚至看起来有些"土"。就像养宠物顺便卖宠物饲料一样，创业者要善于延伸自己生活中经常做的事的价值，而不是凭空规划一个项目。

2 从你的技能特长入手

这与兴趣爱好的原理一样，每个人都有一些特长技能，这些技能又是其他人渴望拥有的，这时你的价值就体现出来了。例如，创业者在一家互联网公司从事搜索引擎优化工作，那么他就可以通过搜索引擎优化来获取流量，以销售产品，或者制作搜索引擎优化教程，销售给新手小白。

关于寻找自己独有的特长技能，创业者最好以自己的工作为切入口，找到那些和自己从事一样工作的人，把自己的经验分享给那些在工作中遇到问题或新入行的人们，相信会有很多人愿意为这些经验埋单。

3 从周边资源入手

很多人创业会第一时间上网找项目，他们认为网络上信息丰富，找到好项目的概率更大。但这样一来，创业者就会很容易忽略身边的资源。

每个人都有自己的亲朋好友，他们从事各行各业，这些都可以成为创业者的资源。如果亲朋好友中有自己做生意的，那么创业者是不是就可以卖和他一样的产品呢？不管是工业品还是消费品，只要是好产品，就不愁销路。

例如，创业者 E 在一家公司从事网络推广工作，公司的主营业务为软木地板和玻璃贴膜。E 因为工作关系，结识了很多这方面的厂家。后来公司倒闭，E 就利用这些资源自己开公司，经营软木地板和玻璃贴膜业务。

每个人的身边或多或少都有一些这样的资源，主要看创业者会不会把它们利用起来，让这些资源为自己的创业项目铺路。

4 多看多分析

最后一个办法是多看多分析,但不是毫无目的地乱看,而是有方法地看。例如,创业者可以把自己想到的产品放在搜索引擎中搜索,看看其他人都在做什么项目,也许就能从中找到灵感。

创业者还可以看创业类、营销类的论坛,看看其他人分享的创业经历或者在做的产品,总结出他们的得失与经营思路,最终挖掘出自己可以做的项目。

第 7 章
模式模仿方法论：将考察的公司复制下来

创新是公司成功的关键，却不是基础。许多创业项目是以模仿其他公司的模式为基础的，真正的凭空创新，成功的概率其实很小。创业者要想最终在市场上生存下来，一定要基于一个成熟的理论或者运作模式，否则蒙着眼睛摸索很容易失败。

对此，创业者在建立公司之前可以先去考察其他公司，如领域内成功的创业公司或上市公司，将它们的模式复制下来，融入自己的公司中，以此来帮助自己的公司快速步入轨道。

7.1 生存都是问题，何谈创新

现在许多创业者都很重视创新，认为创新是公司发展的关键，然而创新却不是公司起步的关键。比起创新，生存才是公司起步的第一要义。

在微博创立之前，国内最具竞争力的迷你博客网站是饭否。饭否模仿Twitter模式起步，在国内类似的网站中各方面功能最为完备，用户也最多。但饭否因违反了国家有关部门对网络言论的监管，迅速被关停整改。

新浪微博吸取了饭否失败的教训，仅模仿其运营模式，凭着足够的财力和人力资本使公司各方面都满足了政府监管标准的要求。后续更是用明星和名人策略吸引许多知名人士注册，最终超越了饭否，成为中国最大的社交网络及微博客网站。

新浪微博的案例说明了创业起步需要的并不是一个新颖的好点子，而是一个完善的运营模式，然后在公司存活的基础上再进行创新，使其能更好地发展。

国内许多互联网公司在创业初期曾复制过国外成功的运营模式，岑安滨也不例外。岑安滨最开始创业时成立了一家信息公司，研发了一个翻译引擎，但该项目并没有引起多大反响，很快就以失败告终。岑安滨经过反思后，决定复制Quick Books（一种小型商务财务软件），然后和邹其雄成立了速达软件技术（广州）有限公司。

经过两年的发展，该公司在国内零售渠道的市场份额占到了82%，这与Quick Books的全球占比差不多。岑安滨认为，美国直觉公司及其产品Quick Books能在全球拥有600万用户，那么它的运营模式在国内也能获得成功。

于是，速达开始复制Quick Books的一切，包括经营、管理、技术、产品等，试图创造出中国市场上的Quick Books。两年时间，速达击败了零售渠道中所有的竞争对手。

与用友、金蝶等财务软件面向大型企业不同，速达始终专注中小企业，这也是美国直觉公司选择与速达这样一家创业公司合作的原因。从发展的角度来看，中小企业的数量多，市场潜力更大，这也更符合美国直觉公司的定位。

美国直觉公司之所以在全球拥有600万用户，是因为每个国家的中小企业数量都是最多的，仅美国的1000万家企业中就有30%的企业在用直觉公司的产品。速达和直觉定位相似，都是专注于中小企业，这是速达软件技术公司的核心竞争力所在。

速达软件技术（广州）有限公司和大多数传统企业不一样，它是靠风险投资起步的。速达在引入100万元的种子资金后，又收到了英特尔投资的200万美元，随后又吸引了很多其他投资商。岑安滨和他的团队虽然感到了一定压力，但这并没有阻碍他前进的脚步。基于Quick Books完善的运营模式和岑安滨针对国内市场的创新，速达软件技术（广州）有限公司没有让投资商失望，成功占领了国内市场。

在上述案例中，岑安滨先是复制了美国直觉公司的核心产品Quick Books，在有了一定成效后又复制了美国直觉公司全部的运营模式，然后加上自己对国内市场的理解，最终成就了速达软件技术（广州）有限公司。这说明创业起步一定要先解决生存问题，最好借鉴一个成功的模式，待有了基础后，再进行进一步的创新。

7.2 同行不同利，跨年利不同

复制其他公司的模式是一条创业捷径，但创业者也要考虑实际环境。即使是管理模式、产品、服务都相似的公司，也可能存在不同的利益点，如果仅是复制出一个完全相似的公司，那终究是不能在市场上立足的。

很多创业者都在学习阿里巴巴、华为的管理模式，但是阿里巴巴已经营了二十多年，大部分创业者的公司经营了只有一两年，有的甚至不到一年。完全照搬这些大公司的管理模式或产品，只能导致管理模式僵化或者产品流于俗套。

创业者在克隆过程中需要注意实际环境，不仅是公司自身的状况，还包括外部环境，如市场、政策、经济大环境等。阿里巴巴的模式在1999年可以获得成功，但同样的模式在现在未必就会获得成功。另外，现在创业公司很多，几乎每一家公司都在复制这些大公司的模式。所以，创业者只有找到自己独有的盈利点，才能从中脱颖而出。

创业者A从小就是一个爱漂亮的女生，逛街是她最大的爱好。凭借多年在批发市场"淘"衣服的经验，A可以从无数低价服装中挑出最有价值的精品，练就了只要看一眼、摸一把，就能说出这件衣服的产地、材质和成本的特殊技能。

A向往自由的生活，因为这个原因她辞去了稳定的工作，平时跑遍展销会，然后写点服装搭配的文章赚钱。她买到的服装从没有比网上的价格贵过。有一次A在网上看到一条售价138元的短裙，最终以38元的价格买到手。

一段时间后，已经积攒不少购物经验的A在当时国内第一女性消费门户网站55BBS上发帖介绍自己多年在批发市场买衣服的经验，帖子发布不到一周就有了几万次的点击量。紧接着她又发布了批发市场购物培训指南，指南一共4讲，内容包括购物着装、时间、语言等，教大家如何和摊主拿货，怎么说话。A还在其中披露了许多批发市场的"潜规则"和"行话"，这些被电视台的购物节目多次引用。

这两个帖子让A在短时间内成为网络红人。之后，A又发布了许多在批发市场找到潮牌的攻略，她的帖子单篇浏览量达215万次，网友们给了她"时尚小教授"的称号。

A购买的服饰也被大家追捧，有时她把一件新买的衣服发到网上，第二天这件衣服就售完了。一些淘宝店主甚至盯着A的动作拿货。

随着A名气变大，许多人慕名而来，找她做导购。有一次，A去专卖箱包的淘宝街淘宝，回来照常写了经验帖发在网上。没想到经过网络的发酵，淘宝街的名号迅速在网上传播开来。许多外地人特意跑到淘宝街淘货，最后促使淘宝街扩建。

电视台报道了A淘货的故事，使她走向了更大的舞台，许多电视台、出版社都想让她介绍在服装搭配和"扫货"方面的经验。后来A先后出了两本书，反响都非常好，毕业不到两年，她就已经是一位金牌撰稿人和时尚女作家了。

同时，A还在55BBS上开设了"小店品牌淘宝课"课程，为大家介绍一些国外流行的二线品牌，如日本潮流风向标BAPE等，教大家如何淘到这些品牌的原单货，花最少的钱将自己打扮得最漂亮。

然而，家人始终觉得A的这份事业是"小孩子的把戏"。直到发生了一件事，家里人才彻底改变了这种看法。A的舅舅有一次去洽谈业务，而客户却总是冷脸相对。舅舅无意中看见客户正在看自己外甥女的网页，于是打电话让A把自己的签名书送过来给这位客户，最后成功促成了这笔生意。

A自从在网上声名大噪后，就开始琢磨经营一份长久的事业。在许多人的建议下，她开起了网店。凭借对拿货渠道的熟悉，以及自身的时尚品位，A的网店一开张，人气就急速攀升，第一周就成交了十多笔生意。不到半年时间，她的网店等级成功升至一钻，生意每天都很火爆。

A还在线下开了一家实体店，店铺地址选在了年轻人聚集的地方。店里不仅经营服装，还经营许多其他商品，像杂货铺一样。顾客可以在店里听音乐、喝咖啡、看书、买CD，而这些东西都是A亲自淘来的，带有强烈的个人风格。

案例中的创业者A与大多数服装经营者不同,她卖的不是衣服本身,而是自己在批发市场"淘"衣服的经验和自己搭配服装的心得。直到最后决心开店时,她的店铺业务范围也不局限于经营服装。创业者A将店铺打造成了一个文艺青年的聚集地,围绕自己"时尚小教授"的个人定位,以"时尚"为圆心不断向外延伸,把自己做成了一个时尚品牌。

7.3 形易模仿,公司的"魂"是什么

复制其他公司创业最大的问题就是只能学到形,而学不到精华。初创公司和成熟的大公司相比,技术不足、资金有限、品牌知名度不高、所占市场份额较小,而这些因素恰巧就是原公司的"魂",即创业者无法复制的部分。如果创业者始终无法复制到原公司的"魂",终究还是会在进入市场时被竞争对手淘汰。

我国市场的互联网社交产品很多,长期以来,其中的主导地位一直被腾讯系占据。但这些产品中很少有专注于陌生社交的。创业者B发现了这一空缺,决定以陌生社交这一细分领域为切入点,进行创业。

创业者B认为一款产品应该围绕着用户的内在需求去做,而不是一味迎合用户的喜好。如今互联网社交产品领域竞争激烈,很多优秀产品层出不穷,想要自己的产品占据市场的一席之地,就必须摸清用户的根本需求。

任何社交产品的核心价值都是解决用户沟通、分享的问题,但很多产品却忽略了沟通、分享时的价值问题,所以最后只得黯然退出市场。只有有价值的沟通、分享才是对用户有吸引力的,才能形成社区的特定氛围,产品才会发展得更长远。

B将自己做的项目定位为社会化即时情感交流,即陌生社交。他分

析了市场上做陌生社交的产品失败的原因：一是部分用户的极端行为，制作团队不仅没有及时制止，反而按照用户的喜好随意改动，最终导致产品偏离了初心；二是团队盲目跟风，迷失了产品方向，导致后劲不足，产品逐渐在市场上消失。

B在做产品的过程中发现很多用户其实不知道自己的根本需求是什么，他们最初使用产品只是因为无聊或者被好奇心驱使。当用户的好奇心消失时，就是他们离开产品的时候，这也是产品留存率、活跃度逐渐降低的根本原因。如果这时创业者没有大笔资金投入或其他更好的办法维持用户量增长，产品最终只能走向没落。

B为了解决这个问题，和团队成员一起摸索研究，改进了产品的形态设计和核心功能，既保证了每天同样数量的用户增长，又保证了用户留存率和活跃度也能同时增长。

用户需要陌生社交一般是因为现实关系已经无法满足其日常需求，这个日常需求通常就是陌生社交应用留住用户的原因。虚拟世界和现实世界不同，用户在虚拟世界里更注重精神需求的满足，如游戏可以为用户带来现实生活无法体验到的刺激感。因此，陌生社交应用塑造的是一种氛围，一种与现实生活中不同的社交氛围。

社交的任何环境氛围都是为了让用户更好地沟通分享，熟人社交是熟人之间联络感情，陌生社交是为了建立新的关系来获取新的价值。因此，陌生社交产品不能仅停留在满足用户沟通分享需求的层面，只有提供有价值的沟通分享，才能真正留住用户，否则对产品的新鲜感一过，用户就会卸载。

例如，新浪微博之所以用明星背书，是因为明星分享的信息对于粉丝来说是有价值的。而近距离接触明星这一点是粉丝在现实生活中无法被满足的需求，所以用户才会选择留存。

创业者B紧贴提供有价值的沟通分享这一点做产品，致力于满足用户在现实生活中无法被满足的需求。在这个基础上优化产品功能设计，实现了用户的增长率与留存率的同步提高。

本案例中的创业者B没有直接模仿市场中的其他陌生社交产品，而是深究了社交产品的本质，最后总结出了用户对陌生社交产品真正的需求，最后成功在市场中站稳脚跟。这说明复制其他公司的"形"虽然容易生存，但只有模仿到"魂"才能长久发展。

如何模仿公司的"魂"或者创造自己的"魂"，创业者可以从以下3个方面考虑，如图7-1所示。

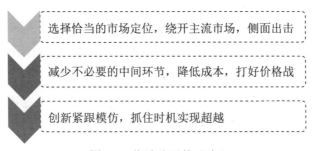

图7-1　塑造公司的"魂"

1 选择恰当的市场定位，绕开主流市场，侧面出击

创业者要明白一个道理，即裁减顾客和裁减成本一样重要。没有一种产品会适合所有人，所以不是每一位用户都能给公司带来价值。

一些大公司的产品适用范围较广，占据了绝大部分市场份额，显然创业者想要和这些公司正面争抢市场是不现实的，反而会浪费大量的资金与人力。

所以，创业者在进入市场时要学会放弃，用自己有限的资源针对一小部分市场需求研发产品。例如，雪花啤酒在进入市场时，公司就将目标用户群定位在20～35岁这一年龄段，放弃了其他年龄段的用户，以点搏面，终于在啤酒市场中抢占了一个位置。

2 减少不必要的中间环节，降低成本，打好价格战

小公司与大公司相比并非全无优势，大公司人员较多，体制固定，一项任务需要多个部门协作，时间和人力成本都很高。加之大公司的产品从研发到销售会经历许多固定的中间环节，这使大公司的产品价格浮动的空间有限。

小公司则与之相反，人员较少，管理模式简单，许多决策不需要层层审批就能通过。例如，麦当劳的某一个产品想要降价促销，需要经过总公司审批，然后传达给各个分店；而一个普通的快餐店想要降价促销，只需要店主在门口贴一张降价的宣传海报即可。

创业者可以利用这一点削减中间成本，直接将产品卖给顾客，以此和大公司打价格战，做到同类产品中的最低价，突出产品的性价比。

智能手机刚出现时，旗舰机是手机中的高端品类，每个品牌的旗舰机售价都高达四五千元。而小米最初发布的旗舰机独以1999元的价格问世，一经出现就迅速占领了市场。

小米之所以能做到行业最低价，是因为其创新了商业模式，颠覆了传统手机厂商的销售流程，利用互联网渠道直接把手机从厂商送到用户手中，砍掉中间商的利益，以此让利给用户。

3 创新紧跟模仿，抓住时机实现超越

真正塑造公司之"魂"的方法是创新，即从性能、服务品质、用户体验等方面超越原版，最终占据该产品原有的市场份额。对此，创业者需要针对产品的用户反馈，抓紧时间研发创新，做出用户体验感更好的产品。

腾讯最初推出的即时通信软件为OICQ，OICQ推出后迅速占领了国内的即时通信市场，9个月注册用户超越6万人。后来，OICQ因为名称问题被起诉，腾讯将OICQ改名为QQ。

虽然经历了换名风波，但QQ在国内依旧一路大火，腾讯也不满足于只做即时通信软件，进而提出了网络社区的概念。此外，腾讯还开发了提供游戏、影视、新闻资讯等服务的产品，成为中国最大的互联网综合服务平台。

复制对标公司，非常适合处于起步阶段的创业公司，这种方式可以让创业者借鉴前人的经验、技术、经营模式等平稳度过创业的起步阶段，从而规避高成本的试错风险。但创业者要记住，"形"易模仿，公司的"魂"却不易模仿。公司只有拥有自己的"魂"，才能从根本上超越对手。

7.4 "饿死师傅"为什么是必然

马戏团里的一个小丑，翻跟头时从不会弄掉帽子。有个学徒很想跟他学翻跟头不掉帽子的本事，但师傅却从不透露半分。无奈，学徒只得向师娘大献殷勤，经常拿些点心前去拜访。时间一长，师娘心软就告诉了学徒，说师傅翻跟头时会咬紧牙关，人咬紧牙关，头就会变大，帽子自然就不会掉了。师傅回家后知道妻子告诉了学徒翻跟头的秘诀，就对妻子说："你以后再也不会吃到点心了。"果然，后来学徒再也没有拿着点心登门拜访过师娘。

这个小故事写出了商业市场中一个常见的现象，即"教会徒弟，饿死师傅"。市场整体处于不断发展之中，新旧交替无时无刻不在进行着。大部分成功的老板不会将自己成功的真正秘诀告诉别人，因为他们不想给那些更年轻、更有活力的公司超越自己的机会，让自己成为"被饿死的师傅"。

随着市场不断变化，"饿死师傅"是一个必然的发展趋势。每一家成功的公司都是在发展的过程中不断在"师傅"和"徒弟"两种角色中转换。例如，小米一开始是苹果公司的"徒弟"，后来在不断发展中成为其他创业公司的"师傅"，但小米每一次的产品创新又做了其他公司的"徒弟"。因此，成为"师傅"并不是一家公司的终点，如果一家公司一直在做别人的"师傅"，那么它迟早会被后人超越，最终被市场"饿死"。

快时尚行业的没落似乎已经成为我国市场无法逆转的趋势。继ZARA、H&M相继传出闭店消息后，GAP也陷入了水深火热之中，但优衣库却一路高歌猛进不见颓势。优衣库作为GAP的模仿者，是如何做到超越自己的"师傅"的呢？

唐纳德·费舍尔有一天去服装店里买牛仔裤，结果浪费了很多时间也没有找到适合自己的牛仔裤。气恼过后，唐纳德陷入了沉思：为什么不能开一家店，让顾客可以更便捷地选购牛仔裤呢？就这样，他开了一家服装零售店。

唐纳德将目标用户定位为年轻人，并取了 GAP 这个名字，强调年轻一代与他们的父母之间的差异。GAP 主要为年轻人提供廉价时尚的着装解决方案，如 T 恤、纯棉上衣、牛仔裤等必备单品。GAP 的出现受到了大批青年人的欢迎，连锁店遍布全球。

GAP 早期经营采取了"购物中心"模式，即把各种品牌的产品都放在店内销售。随着商业模式的成熟，GAP 开始只售卖自己品牌的产品，并严格限定服装零售的过程。这就是大名鼎鼎的 SPA（Specialty Retailer of Private Label Apparel，自有品牌专业零售商）经营模式，这种去掉经销商的经营模式直接将厂家和顾客关联起来，提升了供应链的反应速度。后来的优衣库也借鉴了 GAP 的这种模式。

GAP 在北美市场大获全胜，让 GAP 疏于对全球市场的关注。直到成立的第二十年 GAP 才开始国际化，先后进入英国、加拿大、法国等国家。但此时 GAP 已经错过了国际化的最佳时机，而且市场上留给 GAP 的份额已经非常少了。

不仅如此，GAP 对顾客需求准确理解的能力也在下降，且在对自身定位的不断调整中变得越来越迷茫，当时甚至有专家建议 GAP 向优衣库学习，用低价为消费者提供不错的设计和高质量的产品。而事实上，优衣库当时也是 GAP 运营模式的模仿者。

GAP 过于注重北美市场，同样也错过了亚洲市场的扩张红利期。姗姗来迟的 GAP 把业务第一站布局在了日本。在日本，GAP 与"徒弟"优衣库进行了正面较量，最终不敌，败下阵来。

然后，GAP 又把目标转向了市场更大的中国。但在中国，GAP 已经失去了与其他三大品牌（即优衣库、ZARA、H&M）竞争的时机，其知名度远不如这三个品牌。

顾客已经形成了想买基础款去优衣库，买时尚服装去 ZARA，买便宜服装去 H&M 的定式思维，虽然 GAP "舒适、休闲、低价"的定位囊括了三家的优势，但它不够时尚、缺少设计感的硬伤，让它始终无法真正走进当下年轻人的心里。

再看优衣库，虽然20世纪80年代的优衣库除了低价外没有任何优势，但从90年代后，优衣库就开始研发科技面料，同时改进供应链，充分发挥柔性供应链的优势，以短平快的方式占领市场。另外，优衣库开始加强服装设计，和知名设计师合作，先后推出KAWS、七龙珠等时尚联名产品，越发受年轻群体的欢迎。

并且，优衣库抓住了电商端，成为新零售的先行者，不仅率先做到了线上线下一体化，还把店开进了盒马鲜生，30分钟即可送货上门。

通过本案例中优衣库和GAP的对比，我们可以看出，沉迷于成功的品牌只能故步自封，保持品牌的年轻，才能长远发展。任何一个品牌都不能只迎合特定的一代人，因为用户会变老，但品牌不能变老。例如，麦当劳的核心用户在任何一个时代都是有小孩的家庭，它的一切行动都围绕核心用户展开，因为麦当劳知道任何一代年轻人都会老去，但年轻人这个群体始终存在。

自我革新能力同时也是一种自我保护能力。对此，创业者要学会积极适应市场，不断在"师傅"与"徒弟"的角色中转换，而不是做一个必然会被市场"饿死"的"师傅"。

7.5 如何将局做大，将模式学透

许多成功的公司都是靠复制其他公司的模式起步的，如美团模仿了国外的商业模式；德国的桑威尔兄弟更是将热门互联网项目都模仿了一遍，最终才获得了成功。

1 再创新方法的特点

复制仅仅是创业的起点，如果创业者想要把局做大，就要把模式学透，彻底化为己用。为此，创业者就要对公司进行复制后的再创新，这种创新方法一般有以下 4 种特点，如图 7-2 所示。

图 7-2　再创新方法的 4 种特点

1）积极跟随性

再创新是指创业者不仅要做新技术的探索者和使用者，还要做新技术的学习者和改进者。这样的方式可以快速打造出自己产品不同于其他产品的特点，塑造产品的竞争优势，让产品技术不会完全受制于人。

另外，率先进入市场的产品已经有了一定的市场和目标用户，因此就不需要创业者独自开辟全新的市场，只需要进一步利用前人开辟的市场即可。

2）市场开拓性

因为前人开拓的市场很可能已经饱和，所以创业者在进行再创新时也同样需要开拓新的市场。这需要创业者挖掘、刺激用户的新需求，从而实现对市场空间的进一步拓展和扩充。

3）学习积累性

创业者复制其他公司模式的过程也是一个学习积累的过程，学习积累是再创新的基础。这个过程需要创业者自我探索，除了学习基础知识外，也需要在摸索的过程中学习专业知识和技能。

只有积累了足够多的知识，创业者的公司才能实现从量变到质变的突破，在原有基础上创造出新技术。从前人的成功和失败中学习，培养提高自身技能，在前人的基础上进行发挥，用低成本、高效率获得产品竞争优势，才是再创新的最终目的。

4）中间聚积性

复制其他公司的模式可以帮助创业者省去早期探索新技术和建设新

市场的大量风险投入，从而让公司能集中力量在创新环节中投入较多的人力、物力。这样既能保证资源的集中利用，又能保证公司在工艺改进、质量控制、成本控制等方面形成技术积累，为公司的进一步扩大奠定基础。

2 再创新的方式

创业者在起步后，想要进一步发展出自己的竞争优势，还是要从产品入手。下面介绍产品再创新的 4 种方式，如图 7-3 所示。

图 7-3　再创新的 4 种方式

1）内部开发型

内部开发型是指没有其他公司介入，仅靠公司内部人员进行创新开发。这种方式可以有效防止技术泄露，也可以杜绝其他合作公司的机会主义行为。

最重要的是，技术开发一般都伴随着信息的交流、开发效率和自身创新能力的提高，可以有效增强公司的自主创新能力。但这种方式对资金要求较高，如果创业者的资金充裕，就可以用该方法改进产品，把公司进一步做大。

2）联合开发型

联合开发型是指两家或多家小公司在平等互利的基础上结成合作关系，取长补短，共同开发市场，从而达到互利共赢的目的。这种方式可以使小公司更有效地利用有限的资金和技术，实现优势互补，克服各自独立面对的困难和危机，共同享受创新成果。对此，创业者可以选择以下两种联合方式。

（1）行业协作联合方式。行业协作即产业相关度较高的若干小公司组成联盟，共用本行业的资源、人才、技术等优势，组成技术开发小组，共同进行项目开发。

（2）区域联合方式。区域联合即地方科委、公司、大专院校或科研院所等单位组成联盟，成立专门的技术开发小组，进行项目开发。

3）依托型

依托型是指中小公司选择以大公司配套的技术项目为主营业务，将自己作为大公司的一部分，双方保持技术协作，从而实现优势互补、协同发展。这种方式使创业者避免了与大公司直接进行正面竞争。大公司经营规模庞大，市场销售稳定，因此能够给与之合作的中小公司带来稳定的市场，也可以帮助中小公司降低经营风险。另外，中小公司在资金、技术、管理、信息等诸多方面都能得到大公司的支持，技术创新能力也会迅速提升。这些都可以让中小公司缩短研发周期，降低创新成本。

4）开放型

开放型是指中小公司自身的创新能力很低，不具备自主开发或联合开发的能力，需要借助社会力量来实现创新项目的开发。公司后续创新所需的技术、资金、人才、市场、管理等，都可以靠社会力量来提供。

这种方式需要创业者的公司具备某一项特长，如资金、设备、市场等。创业者需要处于创新项目的主体地位，以此来吸引社会力量向公司聚集。这种方式研发出的技术成果，不归创业者独占，而由多位开发者共享。对于资金不充裕、自身创新能力较弱的初创公司来说，这也是一种不错的选择。

以上这些创新方式都是创业者进行技术改进的好方法。复制只是一时的，它不能保证公司的长久发展。创业者只有将成功者的模式学透，加入自己的创新，才能真正将公司做大、做长久。

第 8 章
开公司初期，低调为公司省大钱

很多创业者都想在开张时大张旗鼓地庆祝一番，讨一个好彩头，但其实完全没有必要。作为一个创业者，在开公司后会面临很多问题，如人才紧缺、流动资金少、技术创新能力不足等。因此，创业者的第一要务是解决问题，让公司快速步入正轨，而不是高调地做一些形式主义的工作。

8.1 "开张酒"可以一年后再喝

一家在起步阶段的公司处处需要资金，而大部分创业者没有可以随意"败家"的资本，所以他们需要做的是省钱，而不是摆一场华丽漂亮的"开张酒"。

纵观商界，许多初创公司倒闭的根本原因是资金不足，有些公司甚至都没来得及将产品正式投入市场，与竞争对手打一次"擂台"，就关门了。这听起来或许很讽刺，但确实是一些创业公司的真实写照。这些公司往往前期太高调，在场地、设备、人员等方面投入太多资金，最后陷入资金吃紧的尴尬境地。

或许投资人可以挽救公司于破产的边缘，但真实情况是大部分风险投资都是在创业公司发展平稳之后才进入的，很少有投资人愿意在公司起步阶段就投入资金。另外，大部分创业者并非金融专业出身，他们通常缺乏管理公司财务的经验，也没有对商业风险的认知，对公司各项支出的把控能力很弱，因此投资人即便在其初创阶段注过资，也往往在公司亏损之后不愿意再继续投资。

基于此，创业者不如简化思路，直接把"省钱"当作创业起步阶段的经营理念。为此，创业者先要明确初创公司的钱大部分花在了什么地方。

1 办公场地和办公设备

办公场地和办公设备作为硬性支出，是创业者必须投入的。但创业者可以精简需求，如非必要可以不去租CBD（Central Business District，中央商务区）的办公室。如果CBD办公室的租金每平方米每天需要10元，租一间50平方米的办公室，一天需要500元，一个月就需要15000元。创业公司早期都很难实现盈利，这15000元的房租对于每个创业者来说都是一笔不小的负担。

有一家创业公司在前期拿到了2000万元的天使投资，这在所有创业公司中可以说是一个比较不错的起步了。但这家公司的创始人没有省钱的意识，从办公室选址到装潢设计一切向谷歌公司看齐，最后没有坚持多久，就花光了钱，草草收场。

该案例告诉广大创业者，不管你的公司是处于资金短缺状态，还是获得了投资的创业公司，你不学会低调、省钱，公司就无法"活"得长久。

2 研发成本

许多创业者认为核心技术是产品的核心竞争力，所以要把大部分钱投入研发之中。事实上，没有摸清市场规律和消费者需求的创业公司最好先不做研发，而直接买成品去市场上试水，这样既可以节省成本，又能及时调整公司的发展方向。

买成品也有诀窍，买得少，没有价格优势；买得多，很容易造成库存积压。创业者可以先不和厂商订购产品，否则很容易被大厂商牵着鼻子走。不妨换一种思路，去找那些濒临破产的大厂商，这时创业者可以尽可能压低价格去和对方谈，不要以洽谈业务的姿态去谈合作，而要告诉对方这是在帮他们去库存，从而促成谈判。

3 人员招聘

创业者A的公司起步不久，他的经营理念就是能不买的都不买。公司没有考勤机、办公桌、格子工位、复印机和传真机，员工自带计算机来上班。公司大厅装修得像茶饮店，员工围在茶几和沙发边办公。这样看似简陋的办公条件，却因为压迫和剥削感不强而备受员工欢迎，甚至形成了聚会办公的氛围。由此看出，公司经营的好坏不在办公形式，而取决于管理者营造出的工作氛围。

　　人员招聘同样也适用能省则省的理念。创业初期的公司不适合大规模招兵买马，否则容易导致层级组织混乱，管理困难，效率低下，公司资金链断裂，发不出工资，可能还会引起一些人事纠纷，以致公司到最后都无法好好收场。最适合创业公司的招聘办法就是按需招人。例如，公司需要10个人，那么就招10个人，不要像某些公司一样攀比排场，需要30人，却非要招50人，最后导致人员冗余，有些员工根本无工作可做。

　　据一些创业者的真实反馈，如果公司不从事劳动密集型生产，那么一个初创公司有5个人就足够了，甚至前期只需要3个人就可以让公司运营下去。另外，创业者还可以调动外部资源。例如，一个自媒体工作室有了一个主编后就可以不再额外招聘编辑，转而到58同城等服务平台招聘兼职写手，只要让主编把关好内容，同样可以保证自媒体账号的运营质量。这种共享员工的思路也非常适合其他行业的初创公司。

4 运营推广

　　产品想要打开销路，就必须经过推广这一步。对此，创业者可以学习微商，找一些零成本的推广方法。

　　以果多美水果会员店为例，该店每月18号为拼团日，顾客加入微信群，就有资格参与拼团。工作人员会在当天发布优惠信息，顾客用小程序参加拼团，在线上完成付款后，可直接到线下门店取货。

　　这种拼团活动优惠力度大，用户的购买力非常强，与直接到店相比，可以大幅提升店铺流量和复购率。而且这种活动还能大大降低商家的推广成本。例如，一次3000份的1元蓝莓拼团活动只需要5000元成本，但如果付费推广，5000元根本不够。

　　这些参与拼团的顾客到店提货后，基本都不会只拿蓝莓就走，他们通常还会买一些其他水果。果多美水果会员店用会员积分的形式再次沉淀这些顾客，既形成了口碑，又达到了推广店铺的目的。

以上这 4 个方面都是创业公司投入较多的地方，创业者可以有针对性地去省钱。但一个公司想要长久地发展，一味地靠节省也是不可取的，前期的低调是为了给后期的勃发积蓄能量。"开张酒"可以过几年再喝，但是不能永远不喝。创业者要学会在经营的过程中体现出公司的价值，该省的省，该花的花，合理支配资金。

8.2 请不起财务，代理记账公司一样做

创业者一般来自各行各业，他们可能是研发人员、销售人员或技术工程师，在财税方面不具备优势。对此，创业者可以选择财务外包，将会计核算、记账、报税等工作委托给代理记账公司，而自己公司只设立出纳人员，负责日常收支和财产保管。代理记账公司指的是帮助企业完成会计核算、记账、报税等一系列财务工作的专业记账公司。将财务外包给代理记账公司，一方面可以提高本公司资源的利用效率，集中资源在核心业务上；另一方面可以最大限度地利用外包公司的专业技能，使本公司利润最大化。具体来说，找代理记账公司有以下几点好处。

①替创业公司规避财务记账方面的纰漏，处理烦琐的记账、报税等工作；②节省人力成本，一个专业会计每月至少要 5000 元工资，还需要公司缴纳社保、公积金等，这对于创业公司来说是一笔不小的开支；③避免会计突然离职给公司的财务工作造成的巨大影响；④代理记账公司的软件、记账流程、人员都很专业，准确率和效率都有保障。

那么，财务外包是否合法合规呢？根据《中华人民共和国会计法》（以下简称《会计法》）第三十六条规定："不具备设置条件的，应当委托经批准设立从事会计代理记账业务的中介机构代理记账。"

但是，现在市场上的代理记账公司很多，其中也不乏一些骗子公司。那么创业者要如何选择代理记账公司呢？具体有以下 6 种方法，如图 8-1 所示。

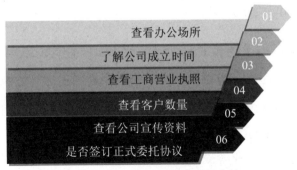

图 8-1 选择代理记账公司的方法

1 查看办公场所

市场上有很多从事代理记账的公司，但有一些规模非常小，领导加上员工一共只有两三个人，公司甚至没有固定的办公室。这样的代理记账公司非常不正规，一旦出现问题，很可能会给创业公司带来经济损失。对此，创业者要选择办公地点在市区的办公楼里，且有一定规模、历史、专业背景的代理记账公司。因为这种公司的专业度和可信度比较高，可以降低创业者的委托风险。

2 了解公司成立时间

虽然公司的成立时间无法证明代理记账公司的专业水平，但至少成立时间较长的代理记账公司肯定积累了更丰富的工作经验，能让创业者更放心。

3 查看工商营业执照

工商营业执照是这家公司是否合法的最直接证明。除此之外，创业者还可以在工商局的网站上查询该公司注册信息中的经营范围是否与营业执照上的信息相符，是否有代理记账的经营项目。

4 查看客户数量

客户数量的多少代表客户对该公司的认可度，同时还可以反映这家公司的服务质量。客户数量较多，就证明该公司的服务质量较好，有一定口碑，可以作为备选。

5 查看公司宣传资料

创业者在短时内考察代理记账公司专业性的方法就是查看公司的宣传资料。虽然网站内容、纸质宣传单可能会有抄袭，但公司服务人员是否专业，创业者是可以通过他的言谈举止来判断的。如果一个代理记账公司的服务人员连创业者提出的专业问题都回答不上来，则说明该公司并不专业。

优秀的代理记账公司会时刻为客户着想，按照客户的需求、客户公司的类型推荐合适的注册地址，而且会把注册流程、准备材料及注意事项、公司维护等信息尽可能详尽地向客户阐述。

6 是否签订正式委托协议

一般来说，正规的代理记账公司都会与客户签订正式的委托协议，协议上会注明委托范围、双方的责任和义务、结算方式、有效期限、违约责任、终止条件等。签订协议既是对自己的公司负责，也是为了避免日后可能出现的纠纷。如果代理记账公司不肯与创业者签订委托协议，那么创业者就可以认定与这家公司合作的风险很高。

综上所述，创业者选择代理记账公司时，不能只关注价格，更要关注企业资质、专业能力、服务质量以及该公司的软硬件等多方面因素。

8.3 选择好办公地址

选择办公地址也是创业者的一项重要工作。正规写字楼的办公室租金比较贵，而且水电费的价格也会比较高，这对于创业者来说是一笔不小的开销。对于资金非常紧缺的创业者来说，商住两用住宅和居民房也是一种不错的选择，而且这些地方的水电费相对便宜，更利于创业者节省成本。

选择居民房作为办公地址可能会显得公司不太正规，而且会出现邻里间的纠纷问题。相比之下，商住两用住宅是创业者的绝佳选择。商住两用住宅是居家办公概念的延伸，它是住宅，但同时又具有写字楼的硬件设施和相关功能，可以同时满足创业者的居住和商业办公需求。

除了成本问题，办公室选址还有很多其他讲究。因为办公地点对公司招聘、发展客户等工作有直接的影响，所以创业者一定要选择一个最合适的地址。

1 明确公司需求

在选址之前，创业者要先明确公司的需求，如面积、交通、预算等。计算面积时，除了计算现有的员工数外，还要预估公司未来一段时间内的人员变化，预留一部分空间。在交通的选择上，除了距离地铁和公交站比较近外，还要看公司与业务往来频繁的公司之间交通是否便利等。最后一点就是预算，前两点需求的满足都要在公司预算范围之内。

2 注意办公楼的软硬件条件

办公楼的软硬件条件包括内部条件和外部条件。外部条件主要是周边的配套设施，包括餐厅、便利店等。虽然现在外卖很发达，但还是要考虑员工出去就餐的需求。内部条件包括办公楼外观是否与企业形象匹配、装修风格是否得体有档次、电梯数量是否足够、公共环境是否整洁等，这些因素不仅影响观感，还反映了物业管理水平。

另外，创业者还要仔细查看建筑物的质量，包括有无漏水、破损或者其他安全隐患。这是办公室选址的基本要求，如果房屋存在严重的安全隐患，后期很可能造成员工或者客户的伤亡，这对于创业者来说是极为严重的风险。

3 注意租约的条款

租约是指创业者与房东签订的合约。为了避免日后纠纷，创业者一定要看清租约的每一项条款，包括对办公空间的处置权、是否可以转租、免租期、租金支付方式、物业费、修缮责任归属、优先承租权、提前解约权、交付时的空间状态等。

8.4 二手办公设备，先省七成再说

创业者 B 与几个朋友集资开了一家设计工作室，但处于创业起步阶段的他们并没有资金购买价格高昂的绘图设备。B 与朋友商量后决定购买二手计算机和绘图设备。他们先列出了做设计需要的计算机参数，然后拿到二手市场进行比对，发现同样规格、机型的二手设备比新设备价格低了近一半。于是他们为公司购入了全套办公设备，节省了大量的成本。

案例中的创业者 B 用二手办公设备成功为公司节省了成本。这说明创业者在起步阶段更看重的是办公这项功能，而不是办公设备的新旧，所以只要设备可以满足办公的需求，就不用在意它是新的还是旧的。

传统的办公方式依靠大量的纸质文件，不仅费时还容易丢失，现在大部分单位采用无纸化办公方式，既方便又省时。因此，计算机基本上是每一个办公室的必需品。

那么如何选择一台办公用的计算机呢？首先创业者需要知道办公室的计算机需要干什么。工作用的计算机一般需要满足文档处理、通信交流、信息后台、链接外设等需求。此外，因为每个人都需要长时间盯着计算机屏幕，所以计算机还需要一个舒服的屏幕。

明确了办公计算机的需求，接下来创业者就需要选择一台符合要求的计算机，具体要考虑以下几个方面。

1 配置够用

许多人对"够用"这个要求没有概念，简单来说，"够用"就是指计算机操作要流畅、与大部分外接设备兼容以及可以运行常用的办公软件，如 Office、WPS、钉钉、常用浏览器等。以下是一台办公计算机的常用配置。

（1）CPU：4核心4线程以上。

（2）显卡：基本无要求，一些专业公司要视情况而定。

（3）内存：8GB以上。

（4）硬盘：固态硬盘。

2 屏幕要舒服

屏幕就是指计算机显示器，因为办公人员可能会长时间对着办公计算机，所以计算机屏幕一定不能"辣眼睛"。这也是提升办公环境的一个小技巧。

3 不需要大修

创业者购买二手计算机就是为了省钱，但也要保证计算机不出太大问题，不需要经常修缮，否则修计算机要比买新计算机花费更多，得不偿失。

除了计算机外，其他办公设备也可以购买二手的，如家具等。现在房租飞涨，办公场所小型化成为必然趋势，创业公司尤其要注意合理使用办公空间。另外，随着公司发展，可能要搬到更大的办公场所，反复购买新家具会给公司造成一大笔损失，不如买二手家具经济实惠。下面为各位创业者介绍几个挑选二手家具的技巧。

（1）考虑尺寸是否合适。创业者在选择二手家具之前，要先测量摆放家具的空间，并用纸笔记录下来，然后合理规划不同家具的摆放位置，以免留的空间不够，造成办公室人员拥挤，出入不便。二手交易市场人员复杂，不如正规的家具商城服务周到，创业者自己提前测量好尺寸，也可以弥补商家服务上的不足。

（2）检查板式家具接缝处是否严密。板式家具是较常见、较优惠的二手家具之一。无论是贴木单板还是PVC材质的板式二手家具，都容易出现接缝不严、鼓包、起泡等问题。创业者在选购时需要注意家具的皮子贴得是否平整，可以用手抠一下边角，如果边角很容易翘起来，就证明这个家具的使用寿命已经不长了，很可能在使用过程中发生危险。

（3）检查家具四脚是否平齐。办公室需要大量的办公桌椅，创业者一定要保证这些桌椅稳定、结实，以免在使用过程中发生危险。为此，创业者在选购二手家具时，可以把家具放在地上晃一晃，保证四角平齐。同时，创业者还要检查柜门是否下垂、抽屉的分缝是否过大等，这些都是容易存在安全隐患的地方。

（4）检查家具卫生状况。很多二手家具在回收时都是堆积在一起的，很容易出现发霉的状况。因此，创业者在选购时一定要检查好家具的卫生状况，尤其要注意桌椅的接缝处不能发霉生锈，否则家具的使用寿命堪忧。创业者最好把买回来的二手家具进行消毒和翻新，特别是接待客户的地方摆放的家具，一定要看上去很"新"。

8.5 人员少、能力弱没事，能先干着就行

创业公司除了融资外，最大的一件事就是招聘。员工是企业发展的动力，公司的每一项发展成果都是由每一个员工的工作成果共同组成的。那么，资金短缺的创业公司要招聘什么样的员工呢？

很多创业者不愿意把时间花在招聘上。但其实创业者在找到可行的商业模式之后，就应该花 1/3～1/2 的时间来招聘。这并不夸张，因为找到合适公司的员工不是件容易的事。

创业者或许可以把招聘这件事外包出去，但这样做对公司并没有好处。因为创业公司需要的人少，招聘来的员工可能马上就要负责公司的核心业务，所以创业者应该多花费一些时间与面试者交流，从中发现最有潜力的员工，如果把招聘工作外包给别人，就很容易错过那些起点不高但很适合公司的潜力股员工。

创业公司的员工不一定很优秀，但一定要适合公司，认可公司的经营理念，有很强的学习能力，能和公司一起成长。那么创业者要如何找到这些员工呢？具体可以参考以下几种方式。

1 弄清岗位职责

创业者在招聘之前要花时间了解招聘的这个岗位的职责，否则很难找到合适的人才。例如，一位公司 CEO 想要雇用一位销售人员，原因是

他不想花时间在销售这件事上。而实际上这个思路是错的，如果CEO不亲自了解公司的销售业务，就无法招到一个适合自己公司的销售人员，甚至无法在董事会上说出招聘这个人的理由。

2 关注员工是否能马上为公司所用

应聘者可能起点不高，专业背景不够优秀，但创业者最需要关注的不是这些，而是他们能做多少有用的工作。一个简历丰富的员工如果不能马上为公司所用，就不适合留在创业公司。

对此，创业者在与应聘者沟通时可以尝试问他们每天安排时间的方法或者上个月他们完成了什么事。针对应聘者简历上的一个项目经历深入提问，弄清他到底做了什么。这样做的目的不是弄清应聘者在项目中取得的成绩，而是弄清他解决问题的方法，以此判断这个人是否有能力马上投入工作。

3 通过试用来了解应聘者的实际工作能力

一场面试的时间一般只有20～40分钟，创业者很难在这么短的时间内判断出应聘者的真实水平。对此，创业者可以把面试的录用门槛降低，把入职门槛提高，让应聘者先来公司工作两天，感受一下公司的氛围，也展示一下他的工作能力。例如，创业者面试一位开发人员，可以让他写几段不重要的代码，看他是否可以胜任这份工作。

4 扩大招聘渠道和范围

创业者要学会利用自己的个人关系网络寻找应聘者，包括网络、朋友圈、招聘会等。为了寻找到最合适的人才，创业者可以扩大招聘范围，不要把候选人的范围限定在自己所在的地区，因为这样很可能会错过其他地方的优秀人才。

5 与应聘者建立共同愿景

建立共同愿景是一种精神激励方式。除了薪资外，应聘者最关心的就是发展前途。这时创业者可以告诉应聘者公司合理明确的晋升制度以及能为他提供的发展平台，让应聘者为能为公司工作而感到光荣。共同的愿景往往是建立一个优秀团队的关键。

6 以认同公司价值观作为招聘标准

公司文化和价值观是公司的"魂"。对于创业公司来说，梦想尤其重要。那些优秀的应聘者选择创业公司的原因，很可能就是他们认同这家公司的价值观并且深信它。

美国团购网站 Group on 创始人安德鲁·梅森说过："价值观是用来使个人在遇到利益冲突的情境下能够自觉地做出，跟你作为创始人会去做出的同样的决定。"以认同公司的价值观为标准来筛选应聘者，不管应聘者的能力如何，至少可以保证他入职后的所有行动、所有决定都会优先为公司考虑。

7 不因急用人而过分降低标准

在公司起步阶段，创业者可能迫切需要一些人，这时就很有可能雇用一些不那么聪明、效率不高或者不认可公司文化的人。这些人虽然会解决公司燃眉之急，但流动性很大，甚至几个月就会离职，导致公司再次陷入人员短缺的困境中。

8 在福利上大方一些

在创业初期，因为公司的资金不那么充裕，许多创业者都采取低薪多招的方式，妄图以数量取胜。其实这种思路是错误的，创业初期应该注重培养能分担创业者压力的核心员工，而不是可有可无的边缘员工。一个核心员工抵得过很多边缘员工，而且几个核心员工也比数量众多的边缘员工更好管理。因此，创业者不如增加一些福利，招聘一些价值更高的员工，把他们逐渐变成公司的核心员工。

理想的工资水平是：公司支付给员工的工资报酬恰好比他们生活必需的开支高一点。如果公司支付不了这么高的报酬，也可以尝试用股权吸引应聘者。例如，YC（Y Combinator）公司的工资水平要比行业内的其他公司都少一些，但公司的工程师依旧工作很努力。这是因为公司采取扁平化工资结构，把一部分工资用股权代替，年底为这些工程师分红。

这种工资结构把员工的利益与公司的利益绑定在了一起，使这些工程师们坚信只要自己努力工作，手里的股权就会变得更值钱。

9 保持招聘职位的开放

现在的招聘环境是公司招不到合适的人才，求职者找不到好工作。所以，招聘不是一朝一夕的事，创业者必须把它当作一件无限期的工作来做。招聘不能是职位空缺时临时抱佛脚，而应未雨绸缪。有时在招聘过程中，创业者可能会发现有些应聘者非常适合自己的公司，但他的技能在未来两个月里并不为公司所需要，这时创业者仍然应该马上雇用他，以节省下一个阶段的招聘时间。

10 快速解雇不合适的人

创业者不可能保证自己招到的员工是真正合适的。这时就要学会快速地断舍离，解雇不合适的员工，这既是对公司负责，也是对员工负责。很多创业者都不能做到快速解雇员工，甚至还在向不合适的员工灌输着"你会变好的"之类不切实际的幻想，而实际上这对员工和公司双方都是一种伤害。

创业公司就像突击部队，每个人都要将自己的潜能发挥到最大。如果中间有一个人始终跟不上整体进度，就会影响团队整体的效率。

11 团队参与面试过程

创业者需要让整个团队参与到面试过程中来。例如，在应聘者离开后，创业者可以就刚才那个人和自己的团队做一个私下的讨论。因为毕竟日后与新员工合作最多的是团队里的员工而不是创业者自己。一线岗位的员工往往能比创业者更准确地判断出应聘者是否适合这个职位。

待招聘结束之后，创业者还要考虑如何留住这些人。创业者不可能永远做"光杆司令"，他要逐渐培养起自己的左膀右臂，这样公司才能慢慢壮大起来。

第 9 章
产品品质度：对于多数老板来说，极致是一条不归路

小米创始人雷军说过："好产品自己会说话！"这句话很多人都听过，也有很多公司把它作为经营信条。产品是一个品牌的核心，也是其保持生命力的关键。因为消费者购买的始终是产品本身，外在眼花缭乱的广告只能让消费者短时间内产生兴趣，而不会让他们成为产品的稳定客户。因此，对于创业者来说，做产品应该是贯穿于公司发展始终的一件事，产品没有最极致，只有更极致。

9.1 产品品质标准设计

产品品质切实影响着用户的体验，因此，创业者在设计产品时一定要有统一的品质标准，将产品质量稳定在一个固定的区间。为此，创业者可以参考软件应用类产品设计的例子，遵循以下原则。

1 将重复功能进行合并，以免分散精力

功能繁多的产品会让用户感觉眼花缭乱，不能从中准确、快速地选择自己需要的功能，耗时又费劲。当无法快速理解页面、找到重点时，用户就会对这件产品失去耐心，从而放弃使用。

如果将产品的功能进行合并，那么既能够使产品看起来更简洁，功能按键减少，操作更流畅，又保留了产品的核心功能，满足了用户的需求。这种做法可谓一举两得，有助于留住更多用户。具体做法如下。

（1）去除无用的功能。无用的功能不仅浪费开发时间，也使得产品外观与操作复杂。成功的产品设计应是简洁易用且核心功能非常突出的。

（2）隐藏复杂部分。如果某个复杂功能必须留下，那么可以选择将其隐藏。一般来说，一个复杂功能要比一个简单功能占据更多的屏幕空间。

而简洁的产品设计应该选择将不常用的功能隐藏,保证最常用、核心的功能在最显著的位置。

(3)最小化的视觉干扰。减少视觉干扰的两种常用方法是空白与对比。空白应是产品设计的默认布局工具,如果可以使用空白就不要加入其他元素。某设计理论家曾说过,设计师应使用最小的视觉变化来表达想法,即产品的元素可以简单,但元素之间要突出主次和对比感。

(4)做减法,重复使用和循环利用。当产品成形后,所使用的组件应该是相同的,原因有两个:一是可以提升开发效率;二是可以给用户一致的使用体验,从而使用户养成习惯。

2 给出具体的推荐,而不是让用户主动选择

在设计产品时,创业者需明白用户体验应该是舒适的。例如,在产品使用过程中,若需要选择(是否更新、是否分享等)时,产品应给出具体的推荐,而不是让用户主动选择。这样既可以节约用户时间,又能让用户更依赖产品。

今日头条是一款新闻类的推荐引擎产品,它可以根据用户的兴趣、所在地等信息进行个性化推荐,推荐内容包括新闻热点、娱乐八卦、体育赛事等,如图9-1所示。

图9-1 今日头条界面

今日头条的特色在于它能对用户进行精准的阅读内容推荐。它将信息进行过滤，提炼出精华呈现给用户，正如它的宣传标语所说："你关心的，才是头条。"今日头条通过对海量数据的筛选，一方面可以为每一位用户推荐喜欢的内容；另一方面，可以勾画用户群的"用户画像"，对用户群进行更加精准的分析。

3 设计产品以满足目标人群的需求为主

设计产品从一开始就要定位好目标人群，之后所有的改进优化和营销都应以满足目标人群的需求为主。例如，小米手机以年轻用户作为产品的主要目标人群，打造出了多款高性价比的手机，最终成为手机界的爆款产品。

4 设计在逻辑上环环相扣

设计产品不仅要追求美感，更需要符合一定思维方式。因此，设计产品要做到逻辑上环环相扣，可以参考以下几种方法。

（1）先框架，后功能。产品设计早期，创业者或产品经理需要先确定产品定位和设计框架，即明确产品的核心竞争力。创业者不应落入功能细节设计的陷阱中，而要有整体性思维，利用设计框架思考产品的核心竞争力。

（2）先进行竞品分析，后挖掘人性。每个产品都有自身的成长轨迹，所以产品设计前期一般会进行竞品分析。竞品分析是在研究对方产品的设计框架、逻辑和目标用户后做出的整体性分析。创业者需切记，竞品分析的目的是为了更了解目标市场和用户，而不是抄袭对手产品的功能。

（3）切换视角，发现需求。设计产品时，创业者切莫闭门造车，只想着功能逻辑和原型设计，而应该时常切换到用户视角去研究产品功能，并关注用户反馈，整理用户意见，进行用户访谈。创业者还可以根据用户的基本标签和关键标签绘制标准用户画像，并根据用户画像对产品进行调整。

（4）快速试错，找到最优产品。面对不确定的市场和不断变化的用户需求，创业者没有足够的时间待完善产品功能后再给用户一个最终版。最好的开发模式是小步快跑，不断优化调整与试错，争取解决用户的痛点。

5 设置默认选择机制

默认选择机制可以帮助用户作出选择，节省用于选择的时间，从而提升用户对产品的好感度。为此，产品设计需要让用户有一种心有灵犀无须言说的感觉，即在设计产品时也要设计用户的想法。这种"应用上下文感知的默认选择机制"可能会是未来的一个产品设计方向。

9.2 产品品质检测流程设计

产品检测的目的是检验最后成形的产品与最初的设想是否吻合，并找出其中明显的使用缺陷和系统漏洞。产品测试结果是衡量一个产品是否最终完成的标准，也决定了一个产品能否顺利上市。产品检测包括系统设计验证和系统集成测试。

1 系统设计验证

系统设计验证是指子系统或模块级测试，包括基本功能、性能的常规测试和各种可靠性测试。它是设计师完成设计方案后，提交给团队、产品经理或用户前的验证环节。

进行有效的系统设计验证将有助于保证设计方案的优质，图9-2是系统设计验证时需要关注的地方。

图9-2 系统设计验证时需要关注的地方

1）产品目标与用户需求

创业者需要考虑产品目标是否能满足不同类型的用户需求，提炼出用户的核心痛点和诉求以及符合市场的1～3个关键词。

2）流程与信息架构

流程包括设计流程和体验流程，其中好的设计流程有助于提升设计提案的说服力；体验流程则需要创业者对用户体验进行把控，保证先解决最重要的痛点。

信息架构设计需要创业者考虑是否符合用户的使用习惯以及信息区域间的层级关系是否符合设计原则。此外，创业者对复杂信息进行整理、筛选、归类时，也要遵循用户熟悉的分类标准。

3）页面内容

（1）控件呈现。创业者需要思考控件呈现是否符合用户认知、控件样式是否一致、控件状态是否呈现等。

（2）数据展现。创业者需要思考数据是否有空状态、数据是否超限、数据是否过期、数值有没有特定的格式等问题。

4）交互与反馈

（1）交互。创业者需要思考操作按钮在界面中是否清晰，是否易操作、易触达。

（2）反馈。创业者需要思考自己是否周全地考虑了所有操作失败的反馈，还有用户等待加载的时间是否超过3秒以及在等待加载的过程中，用户能否取消加载等。

5）特殊情形

（1）硬件设备。创业者需要思考是否支持横竖屏转换、新增功能是否必要、是否需要升级、如何让用户更加愿意使用等。

（2）模式。创业者需要思考编辑模式下出现突发状况时是否会自动保存、是否需要设置夜间模式、非Wi-Fi环境下是否自动切换不加载图片模式等。

（3）异常。创业者需要思考异地登录、不同设备登录时是否需要身份验证、是否用情感化表达方式来解释走丢页面内容以减弱用户的受挫感等。

2 系统集成测试

系统集成是将所有的软件单元按照要求组装成模块、子系统或系统的过程。系统集成测试指测试软件单元的组合、其他模块的集成以及系统所有的模块组合能否正常工作。

所有的产品项目都要经历系统集成测试这个阶段。不管开发模式如何，都要先开发软件单元，而这些软件单元只有经过集成才能形成一个完整的系统。另外，集成测试的必要性还在于它能验证产品设计是否具有可行性。集成测试分为功能性测试和非功能性测试。

（1）功能性测试。功能性测试指的是使用黑盒测试技术对模块的接口规格说明进行测试。

（2）非功能性测试。非功能性测试指的是对模块的性能或可靠性进行测试。

集成测试需要与单元测试的时间协调得当。在制订测试计划时，应考虑各个模块的排列顺序和测试过程中是否需要专门的硬件设备。若缺少测试所需要的硬件设备，创业者就应仔细检查该硬件设备的交付日期是否与集成测试计划一致。此外，在测试计划中还需要考虑测试所需软件的准备情况。

集成测试应由专门的小组来负责，该小组应由经验丰富的系统设计人员和相关人员组成，同时还需要评审人员出席。

完成测试之后，测试小组应对测试结果进行整理和分析，形成测试报告。测试报告中要记录真实的测试结果、测试中发现的问题、解决这些问题的方法以及再次测试的结果，此外，还应提出难以解决、需要管理人员和设计人员注意的问题。

9.3 在保证库存的基础上提高产品质量

产品有两个基本维度，即数量和质量。许多人认为数量和质量是彼此对立的关系，其实不然，数量和质量应该是相辅相成的关系。公司保证产品的数量是为了满足生存的需要，但如果想要发展，就必须在数量的基础上再提高质量。

首先，产品的数量并不是越多越好，如果产品数量过多则会造成库存积压，而且创业公司很难管理好太多的库存，容易出现产品在保管过程中损坏的情况。那么，为什么还要注重产品的数量呢？因为创业公司的第一、二代产品一般用于测试市场反响，数量并不会太多，而缺货会给客户带来很不好的体验，所以创业者要尽可能规避，排除产品本身以外其他影响客户体验的因素。

那么，产品数量应该确定为多少呢？创业者可以以流量为指标确定产品数量，因为库存量的增加可以提高推广渠道流量的命中数量。如果推广流量低，意味着产品并不能带来流量，应该减少库存；反之则证明产品对目前营收的增加有显著的帮助，应该增加库存。

通常情况下，将库存量控制在一个比较理想的状态，可以提高公司整体的运营采购发货能力，做到3天内基本可以发货。创业公司保证产品的数量，一是可以保证产品能为公司带来一定的收入，二是保证大量的客户反馈信息可以为进一步提高产品质量打下基础。

数量达到了，创业者要做的就是进一步提高产品质量。产品质量包括方方面面，如产品功能、产品体验感、产品宣传、产品包装等都可以视作产品质量的体现。

瓜子炒货向来被人们认为是一个薄利多销的行业，可有一个人却靠着在数量的基础上改进瓜子的品质，成就了市值215亿元的上市公司。这个人就是洽洽食品创始人陈先保。

陈先保大学毕业后被分配到安徽商业厅下属的糖烟酒公司做管理工作，可他并没有安于现状。36岁时，他决定辞去现在的"铁饭碗"，创业去卖冰棍。

当时市面上的冰棍只有口味上的区别，而且单价都很便宜，大部分商家靠着多年积累的客户，通过增加销售数量来盈利。陈先保的冰棍生意起初和大多数人一样，靠着销售数量不赚不赔，但是一直难有突破。

当时，恰逢李小龙的《龙争虎斗》等功夫电影热映，国内掀起了一阵"功夫热"。陈先保便看上了这一波功夫效应带来的商机，他舍弃了与其他商家在销售数量上的竞争，转而把冰棍做成了双节棍的形状，并取名"棒棒冰"。结果这个"旧酒装新瓶"的设计受到了广大消费者的热烈欢迎，竟掀起了一股"棒棒冰"潮流。"棒棒冰"很快便打开了市场，销路一下拓展到了好几个省市。

"棒棒冰"的设计虽然有创意，但极易被模仿，很快便被同行大量仿冒，引发了激烈的市场竞争。

陈先保考虑到"棒棒冰"这个竞争激烈的市场很快会饱和，最终还是要陷入互相打价格战的困境，于是开始拓展新产品。陈先保盯上了竞争更激烈、利润更微薄的炒瓜子行业。这个支个小摊就能做的小本买卖，真的能帮陈先保突出重围吗？

对此，陈先保是这样想的：安徽以炒货闻名，而合肥又有"中国炒货之都"的美名，出过众多百年老店。陈先保亲自做了市场调研，趁着出省考察的机会，一路买不同的炒瓜子对比品尝。通过对比分析，陈先保发现了炒瓜子行业的两个痛点：一是嗑瓜子脏手，二是吃炒瓜子容易上火。

经过研究，陈先保发现了一种新瓜子。这种瓜子皮白，嗑着不脏手，而且瓜子仁还容易入味。另外，他还将炒瓜子改为煮瓜子，解决了吃炒瓜子容易上火的问题。

陈先保随后将自己改进的香瓜子起名为"洽洽"，推向了市场，并于2年后成立了安徽洽洽食品有限公司。陈先保除了花重金做推广外，还进行了很多创新：一是采用环保的牛皮纸包装，从外观上区别于其他瓜子品牌；二是在包装袋中加入文化卡片，增加趣味性的同时，也强化消费者对品牌的认知。

1年后，洽洽瓜子的销售额突破了1亿元；2年后，洽洽瓜子的销售额增加到4亿元。洽洽瓜子成立的第4年，陈先保又在大包装里增加了"开箱有礼"，即在每箱中放入1～50元不等的"礼金"。一时间洽洽瓜子大包装供不应求，经销商甚至上门求着陈先保供货。时至今日，洽洽瓜子仍然保持着包装、卡片、广告、促销的"四板斧"宣传方式。

2019年，洽洽业绩快报显示，洽洽食品总营业额为48.37亿元，同比增长15.25%。另外，洽洽食品公司历年年报的数据显示，公司营业额自2009年来连续10年都在上涨。2020年2月，陈先保荣登胡润全球富豪榜，而洽洽食品有限公司的市值也飙升到了 215.5 亿元。

本案例中的陈先保通过对产品品质的改进，成功在以数量取胜的行业中"杀出一条血路"。产品的数量与质量应该是相辅相成的，数量代表着产品的销路，冰棍和炒货广为人们所熟知，不存在卖不出去的问题；产品的质量则代表着产品的发展，"棒棒冰"和"洽洽瓜子"在品质上的提升，成为它们超越同行的资本。

9.4 多出品与出一品

创业公司应该如何做产品？是历经设计、研发、调试之后只出一版产品，还是追随用户的需求，不断迭代，多出几版产品呢？答案显而易见是后者。

创业公司的产品大多未经过市场检验，很可能与用户的需求存在出入，如果创业者把所有心血只倾注在一版产品上，风险非常高；但如果追随市场需求的变化而不断改进产品，推出更多的版本，则可以化被动为主动，使产品快速适应市场。

在移动互联网领域，产品迭代是一种非常重要的思维。迭代思维是指产品在市场中循环执行，逐渐完善自己，这与传统的产品投放顺序正好相反。互联网思维讲究更快地将产品投入市场，然后通过用户的参与和反馈不断优化产品，快速迭代，让产品日渐贴合消费者的需求，如图9-3所示。

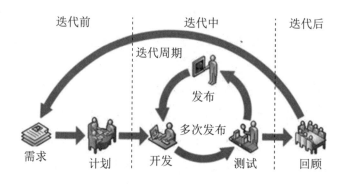

图 9-3 产品迭代过程

迭代思维的核心是加快产品更新换代的速度，用有限的时间把创意和产品投放到市场，抢占市场。这样可以快速解决问题，快速发布新产品，始终使公司产品的迭代走在其他竞争产品的前面。

迭代思维的另一个目的是降低开发新产品的成本，如果创业者在产品完善后才投入市场，那么其试错成本就会变得很高；如果只打造产品的核心功能就将其投入市场，则可以极大地降低资金、人力和技术的投入。所以，一般互联网时代的第一代产品都较为粗糙，经常会存在重大缺陷，但是会很快更新换代。

以腾讯公司的微信为例，微信的第一个版本只有即时通信和更换头像功能，与其旗下明星产品QQ并没有太大区别，但微信发展到如今，却成为同类软件中的领头羊。

首先，微信的动作很快。市场中的同类软件刚起步时，腾讯公司就发现了商机。当时市面上类似的软件只有kik，市场潜力巨大。腾讯公司立即着手微信的研发，仅用了3个月就推出了第一版，4个月之后又迅速推出了2.0版本。

其次，微信的产品迭代速度很快，根据对第一版产品用户反馈的研究，腾讯公司开始对微信进行升级，迅速推出了1.1版、1.2版、1.3版并反复在市场中试验，不断增加新功能，满足用户的需求。微信研发团队会在一个版本推出之后就着手下一个版本的研发，有些功能甚至在之前就已经构想好了，这保证了微信的更新始终走在同类产品的前面。

简单来说，迭代思维就是快和重复，但真正的迭代思维并不只是做到这两点就可以了。

快是迭代最基本的要求，但重复并不只是表面上的重复更新，其真正内涵是升华、积累和总结，是促使产品实现质变，这就要求产品的每一次迭代都要站在更新、更高的起点上。因此在迭代过程中，企业对用户反馈信息的总结很重要。如果没有反馈，没有总结，那么迭代的新产品很难有质的突破。

另外，迭代时要始终保证产品在一个确定的方向上不断升级，如果中途出现了偏差，那么后续迭代的产品很可能都是无效的。例如，开发一个App，要先确定App的开发是否具有价值和可行性，在确定了这些问题之后，才能进入下一步的开发；接着是收集和处理用户的反馈，通过评估这些信息，对 App 进行优化，然后迅速上线更新版；最后按照之前确定的开发方向，不断重复这一过程，直至产品臻于完美。

迭代的做法也可以说是产品的"微创新"，即每一次都比竞争对手的产品功能多一点、更新快一点。现今市场上的产品同质化严重，创业者要想让自己的产品在一片"雷同"的商海中脱颖而出，就要始终与对手产品保持差异化。

每个产品都有自己的生命周期，不管是几年、十几年还是几十年，终究会有被市场淘汰的一天。特别是如今的技术飞速发展，使产品的生命周期再次被缩短。产品迭代则能让产品持续保持活力，适应市场不断提出的新要求，使产品的生命周期得以延长。

不断推陈出新不仅是一个产品，更是一个品牌存续的基础。不管创业者的公司经营何种产品，都需要销量，没有销量就没有利润。如果产品一成不变，销量就会逐渐减少直至被市场淘汰。即使像娃哈哈这样的快消品巨头，想保持销量持续增长，也要不断地对产品进行迭代升级，保持其生命力。

在公司发展的过程中，产品的更新换代是不可逆的。例如，以前全球知名的摄影器材生产企业柯达，在数码时代来临时，也只能申请破产保护。这就是市场发展的规律，创新、迭代、升级是必然趋势。

多年前，录像机成为中国家庭的新宠，让人们除了收看电视机上固定的节目外拥有了新的选择。短短几年，录像机变成了 VCD，VCD 变成了 DVD，DVD 变成了 3D。但随着数字电视的普及，这些设备逐渐被淘汰。

消费者的需求不会倒退，就像纸张普及之后，很少有人再用竹简写字。只有更方便、更新颖的产品才会更有销量，这是亘古不变的道理。

1997 年，乔布斯回归苹果公司后做的第一件事就是取消 Newton 项目，然后他设想了一种能够随时携带并且能上网发邮件的产品，13 年后，iPad 横空出世。

然而，iPad 并不是从零设计出来的，它是苹果公司原有产品的新版本。苹果公司首先做了一个大容量的随身听 iPod，然后加上了多点触控技术，就变成了 iPod touch；给 iPod touch 加入通信功能，就是 iPhone；

将 iPod touch 的屏幕变大，就是 iPad。

苹果公司产品的迭代升级，是在现有产品的基础上不断创造新版本，从而使产品拥有持续的生命力，进而保证品牌的市场竞争力。产品的生命力使苹果公司成为世界上实力最强的公司之一，其系列产品受到了全球人的追捧。

综上所述，创业者在做产品时一定要把迭代思维融入其中，做好在短时间内多做几版产品的准备。这样不仅可以节省前期的研发成本，还可以让产品的设计更贴近用户。

9.5 客户说可以，就可以

近几年，移动互联网以雷霆之势席卷全球，让无数企业站在了转型与变革的十字路口。产品之所以有价值，是因为它们能为消费者解决问题。例如，一个人买一把电钻，他需要的不是电钻本身，而是墙上那个洞。如果有其他产品可以更便捷地在墙上打一个洞，那么消费者就不再需要电钻。

从"以产品为核心"转变为"以用户为核心"是现今市场条件下企业转型的必然趋势。为此，产品的所有功能标准都应当围绕客户需求而制定，这样产品在保证质量的同时，才能受到消费者的欢迎。同时，在产品的设计中加入互动性，收集用户信息，升级用户体验，也是传统企业转型的关键。

以小米为例，小米 MIUI 的第一版发布于 2010 年，当时其只有 100 个用户，这些用户还是团队从第三方论坛"拉"来的。没有广告，没有宣传，只依靠用户的口耳相传，一年后小米 MIUI 就拥有了 50 万用户。这 50 万用户全部由产品口碑吸引而来，以口碑为中心也是小米创始人雷军主张的互联网思维的核心，如图 9-4 所示。

围绕以口碑为中心的理念，小米 MIUI 的开发团队创建了"橙色星期五"互联网开发模式，以开发团队和用户的论坛互动为核心，如表 9-1 所示。系统每周一更新，周五集成开发版，用户可以在论坛针对体验进行投票，投票结果会生成四格体验报告，报告反馈到公司，系统开发团队就会切实地从用户出发去改进产品。

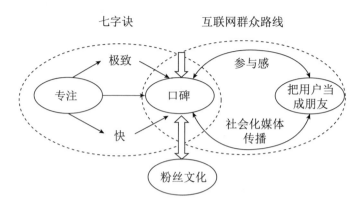

图 9-4　雷军的互联网思维

表 9-1　"橙色星期五"互联网开发模式

周一	周二	周三	周四	周五
开发	开发/四格体验报告	开发/升级预告	内测	发包

一些用户觉得产品的升级迭代很难被自己感知到。虽然产品在诸多方面做出了调整，但很多用户经常觉得其与之前"没有什么区别"，甚至比之前需要的储存空间还要多，白白浪费了更新的时间而且占用了太多内存，所以就选择不更新。

小米的"橙色星期五"互联网开发模式很好地解决了这个问题，产品的每次升级用户都可以感知到，甚至能知道哪方面是根据自己的建议改进的。这样用户不仅是产品的使用者，还是设计者，成为真正意义上的产品的主人，如图 9-5 所示。

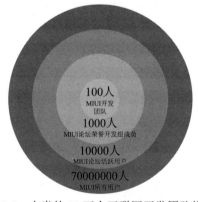

图 9-5　小米的 10 万人互联网开发团队模型

以小米第 198 周的版本发布为例，下面具体介绍"橙色星期五"互联网开发模式是如何让用户参与到产品开发中的。

首先，该版本是 MIUI 发布后第 4 年的 7 月 25 日发布的，所以其版本号就是 4.7.25，该版本号很好理解，也方便用户记忆；其次，该版本的更新日志如图 9-6 所示。

图 9-6　MIUI 第 198 周发布公告及更新日志

最后是版本视频演示，如图 9-7 所示。

图 9-7　MIUI 第 198 周发布的版本视频演示

MIUI 每一次的产品更新除了发布公告外，还会用视频进行功能演示。MIUI 以这样的方式清楚地告诉用户产品在哪方面做出了调整、更新后的功能如何使用以及与之前版本的区别等。有些用户对产品不是特别了解，因此很难依靠自己掌握产品的新功能和操作,这时产品演示就显得很有必要了,视频演示直观地告诉用户哪些场景配合哪些功能。

"橙色星期五"互联网开发模式的另一个特色是四格体验报告,其内容包括本期刷机心情、本期最有爱更新、下期OTA更新期待、本期最不给力更新4部分。用户需要对这4部分内容进行投票评选,满意度超过30%的,该项功能的开发团队就能获得奖励,如图9-8所示。

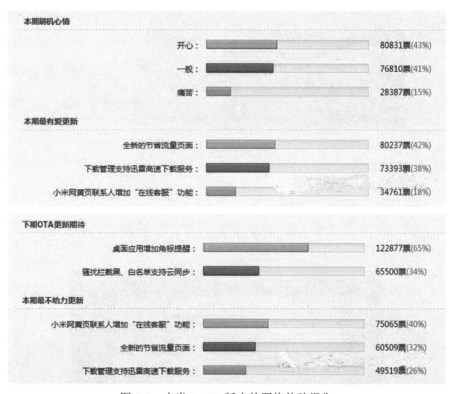

图9-8 小米4.7.25版本的四格体验报告

如图9-8所示,在"本期最有爱更新"的投票中,"全新的节省流量页面"和"下载管理支持迅雷高速下载服务"的投票比例分别为42%和38%,这两项功能的开发团队已经拥有了获奖资格。从该报告中可以看出,这两项更新与用户当下的需求比较契合,这两个功能可以在后期进一步拓展。

小米的每个版本都要由MIUI论坛荣誉开发组成员评测,如图9-9所示。该荣誉开发组由 1000 名资深用户组成，这些用户基本上属于产品的意见领袖，他们的建议有鲜明的"荣组出品"的标识，可以引导一部分新人用户作出选择。

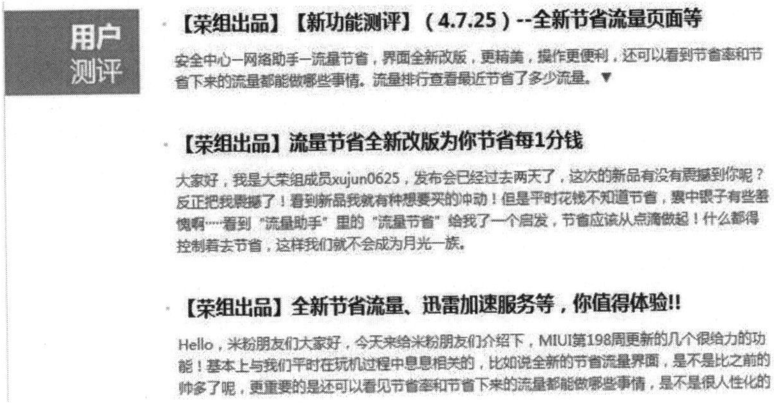

用户测评

【荣组出品】【新功能测评】（4.7.25）--全新节省流量页面等
安全中心—网络助手—流量节省，界面全新改版，更精美，操作更便利，还可以看到节省率和节省下来的流量都能做哪些事情。流量排行查看最近节省了多少流量。▼

【荣组出品】流量节省全新改版为你节省每1分钱
大家好，我是大荣组成员xujun0625，发布会已经过去两天了，这次的新品有没有震撼到你呢？反正我震撼了！看到新品我就有种想要买的冲动！但是平时花钱不知道节省，裹中银子有些羞愧啊……看到"流量助手"里的"流量节省"给我了一个启发，节省应该从点滴做起！什么都得控制着去节省，这样我们就不会成为月光一族。

【荣组出品】全新节省流量、迅雷加速服务等，你值得体验!!
Hello，米粉朋友们大家好，今天来给米粉朋友们介绍下，MIUI第198周更新的几个很给力的功能。基本上与我们平时在玩机过程中息息相关的，比如说全新的节省流量界面，是不是比之前的帅多了呢，更重要的是还可以看见节省率和节省下来的流量都能做哪些事情，是不是很人性化的

图 9-9　荣誉开发组的新功能评测

小米的每个版本公告后都会向为其提出有价值反馈的米粉公开表示感谢，如图 9-10 所示。这是产品开发小组给用户的反馈，用户看到自己的建议受到了公司的重视并切实应用到了产品改进的过程中，也会进一步提高反馈的积极性。公司的反馈机制由此进入良性循环，进而源源不断地收到优质反馈。

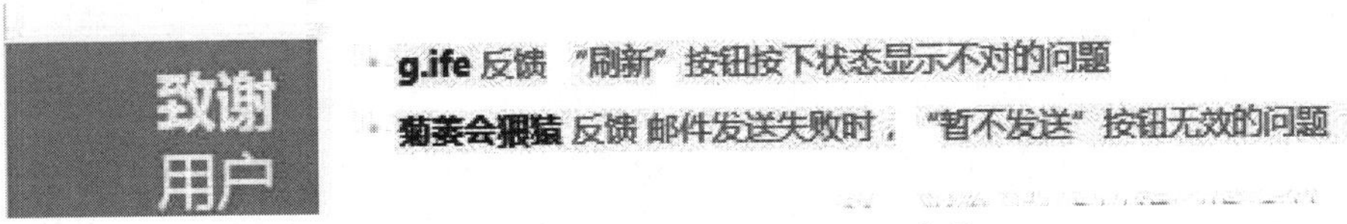

致谢用户

g.ife 反馈 "刷新"按钮按下状态显示不对的问题

菊荟会狐猴 反馈 邮件发送失败时，"暂不发送"按钮无效的问题

图 9-10　小米版本公告后的公开感谢

小米还会对版本发布期间的产品相关事件进行报道，如图 9-11 所示。这样在宣传产品的同时，还能进一步提升用户的参与感，让用户更加深入地了解产品，从而拉近与用户的距离。

小米的案例反映了创业者做产品最需要的心态，即"用户说可以，就可以"。用户是直接接触产品的人，对产品最有发言权。创业者想要做出有销路的产品，就必须以用户为中心，否则做出的产品只能束之高阁。

图 9-11　小米版本发布期间的信息动态

9.6　先"活"下来，再提升

很多创业者做产品都想"一步到位"，然而这种思路非常不适合创业公司。创业公司优先考虑的问题应该是存活，产品也一样，只有先"活"下来，才能考虑品质提升的问题。

那么要怎样做才能让产品顺利地"活"下来呢？创业者最需要注意的就是避开初创公司做产品的 6 点误区。

1 对产品盲目乐观

创业者做产品经常是从公司的业务需求出发，而不是从客户需求和市场前景出发。这会导致创业者盲目地把自己的想法当作大多数人的需求，使产品偏离市场真正的需求。

创业者 A 有一些资源，他组建了一个团队，想做一个 App 解决移车问题。他把这个想法和团队成员商量后，大家都认为这个想法很不错，甚至会得到政府的扶持，于是直接开始研发这款 APP。在这个 App 里，车主通过车牌号注册，当遇到车位被其他车堵住的情况时，就可以通过 App 联系该车主前来移车。

移车问题确实是有车一族的痛点，但 A 设想的"所有有车一族都会注册"其实是一厢情愿的想法，至于他预设的"政府肯定支持"和"用户量增加之后迭代升级"更是没有市场依据的主观臆测。有多少用户有移车这个问题或者有多少用户会为了移车而注册App以及双方车主是否能同时注册App，这些问题A都没有在项目启动前考虑清楚，所以他最终也没能解决获取用户这个难题，项目以失败告终。

上述案例中的现象普遍出现在一些经验不足的创业者中。创业有时确实要凭借一些新奇独特的观点才能成功，但创业者不能闭门造车，盲目地认为自己的想法就是市场需求，这样的项目非常容易夭折。

2 老板就是"产品经理"

创业者虽然毫无疑问是公司的第一任产品经理，但创业者的专长不同，对产品的侧重可能也会不同。例如，做技术出身的创业者可能更看重技术开发，而不是产品设计的价值；做市场出身的创业者可能更看重产品的商业价值，而不善于构建技术优势。

因此，创业者最好把产品设计方面的工作分派给不同专业的人，而不是完全由自己包揽。这样做出来的产品才能兼顾各个方面，呈现出更专业的水平。

3 复制产品

虽说复制竞争产品是大部分创业公司选择的起步方式，但产品要想立足，不能完全靠复制，还要有自己的特色，否则客户凭什么不选择模式更成熟的大公司而选择创业公司呢？互联网时代的商业价值观是公司无法靠钱和资源完胜对手，而要靠人才和品牌。模仿不是抄袭，如果创业者的产品毫无特色，无法形成自己的品牌，也就无法在市场上存活。

4 以业务逻辑为中心设计产品

创业者B做了一个在线报考驾照的App。该App涵盖了整个驾校的经营流程，包括业务员、车队负责人、教练等各种业务角色。然而，该App在上市之后却没有用户愿意使用，因为它不是站在学车者的角度设计的，而是站在经营者的角度设计的，App体现的场景与用户使用场景严重不符。

创业者B弄错了一件事，即产品是给用户使用的，用户关心的是自己使用的流程，而不是经营者的业务流程。这是许多创业者都会犯的一个错误。有时创业者看似把产品做得完美无缺，实际在一开始的设计思路上就跑偏了。

5 功能设计没有针对性

很多创业者都想做一个大而全的产品，这样既省了时间去挖掘用户痛点，又可以与其他产品形成差别。但是，这些产品往往最终都做成了"大杂烩"，虽然每一个功能都有涉及，但既没有专精，也没有特色。这样的产品不仅会提高用户的学习成本，还可能存在功能冗余的问题，这些反而成为了产品的减分项。

创业者C做了一款DIY留学App，主要为有出国读书意向的学生提供院校信息和申报指导。当时正好赶上代购大火，于是创业者C就在App里加入了代购和支付功能。但是这款App面向的用户是有留学意向的人，用户已经出国了，自然就不需要代购了，这个功能很显然是多余的。

产品大而全，意味着开发周期长、成本高、风险大，而且未经市场验证的产品，功能越多，就越会出现功能与用户的实际需求不匹配的情况，继而造成产品研发做了许多无用功。

另外，功能多，意味着用户的学习成本高。一些边缘功能干扰了核心功能，反而会模糊产品的定位，影响用户的体验。因此，创业者在做产品时不能一味追求大而全，什么元素流行就加什么元素。创业者要根据用户的实际情况，围绕核心功能去拓展其他功能，保持产品清晰的定位。

6 不考虑运营和市场推广

大部分创业者都不知道产品的运营和推广方案在产品设计过程中就应尽早考虑。创业者在产品设计前综合考虑用户需求、市场环境、创业资源、运营推广而制订的产品营销计划被称作产品策略。只有制定了产品策略，才能进入产品开发环节。但大多数创业者却本末倒置，先开发产品，然后再考虑获取用户、服务用户、活跃用户等问题。

"产品上线就会有用户"只是创业者一厢情愿的想法。事实上，把产品做出来只是创业第一步，把产品做起来才是创业最艰难的部分。创业者如果不想让自己的产品昙花一现，就要事先设计好产品运营推广的整个流程，否则产品只能是在市场中转一圈，根本"活"不下来。

第 10 章
营销推广：多渠道营销，以业绩为先

营销作为贯穿公司发展的一项工作，是每一家创业公司都不该忽视的，卖出产品是创业公司存活的前提。创业公司用户基础弱，没有固定客源，想要多卖产品，就要摒弃那些华而不实的营销方法，找到属于自己的生财之道。

📂 10.1 "人海战术"是理想状态

每年春晚的节目不管内容如何，其表现形式都是热闹、盛大的，具体表现为知名主持人集体上阵、当红明星大合唱等。这是因为中国人喜欢热闹，而热闹最直接的表现形式就是人多，所以大部分的节日晚会会采用"人海战术"。

"人海战术"是一种以数量换取优势的战术，简单来说就是以多打少。例如，富士康把手机制造的流程拆分成了简单的操作步骤，用几百人代替一台机器实现生产，这就是一种"人海战术"；国美电器把门店开遍全国各地也是一种"人海战术"。"人海战术"同样也是营销的常用战术之一，即让几百人甚至几千人按照既定的营销计划，采用相同的话术动作，形成规模效应，让更多人知道并接受产品。

我国人口众多，就业形势严峻，这为"人海战术"的实现提供了人力基础。另外，创业公司的资金有限，无法一下投入巨额成本购买机器，因此"人海战术"对于创业初期的公司来说更划算。

创业者 A 招收了 20 多名销售员，他们主要通过网上搜索潜在客户电话、以地毯式电话推销的方式来做业务。A 制定了严格的 KPI（Key Performance Indicators，关键绩效指标）管理销售团队，如每天电话不少于 50 个，每周拜访 5 个新客户等。这种方式通过广种薄收来获取销售业绩，前期或许看不到成效，但当电话量和拜访客户量达到一定数量后，业绩就会出现了。这种方式的逻辑是无限扩大与潜在客户接触的机会，最终一定会成交。

"人海战术"虽然不适合长期作为企业的营销方式，但对于初创公司来说却是一个低成本接近潜在客户的好方法。电话推销一般有固定的话术，对销售人员的要求很低，创业者可以雇用一些兼职的销售人员来完成，这样就能进一步降低人工成本。

但随着形势的变化，"80后"和"90后"成为各个产业的主力军，这些新生代比父辈们更加独立，更加注重个人价值，这就对创业者的管理方式提出了挑战。

虽然"人海战术"是大部分公司曾使用过的营销方式，但每个创业者也都明白，"人"是公司最不稳定的因素，随着员工数量的大幅增加，管理难度会以指数级上升。要保证"人海战术"依然有效，创业者就要摸索出一套成本低、效率高的管理方式。

1 简化目标

人员多的最大风险就是秩序混乱，如果不能保证每个人都朝着一个目标努力，那么"人海战术"就不能发挥它最大的能量。对此，创业者可以像富士康一样简化目标，把队伍中每个人要做的工作最小化，这样不仅便于人员管理，还可以避免人员流动给公司造成影响。

2 激励

激励分为物质激励和精神激励，物质激励主要是绩效奖励，这样可以直接把营销人员的利益和公司绑定在一起，让众多营销人员共同为同一个目标努力；精神激励则是公司与员工达成精神上的统一，如一些公司会在上班前组织员工跳集体舞或背公司理念，以此来让员工在潜移默化中认同公司的价值观和文化。

3 高奖励刺激

高奖励刺激的应用典型是华为，其诱人的奖金和"狼性原则"的价值观吸引了许多高素质的人才。这种管理方式非常简单直接，即让员工创造的价值与获得的利益成正比，从而激励员工更努力地为公司创造价值。

马斯洛说过："期望更美好的生活是人的本能，获得合理的劳动报酬和基本的尊重更加是人的本性。"随着劳动者个人价值需求的觉醒，劳动力和管理成本上升是必然趋势，以往那种仅靠众多廉价劳动力的"人海战术"已经过时了。新时代的"人海战术"需要有新定义，创业者要学会建立更灵活的人才管理机制，从情感和价值观上与员工建立共同的愿景，促进公司的发展。

10.2 3个人如何做到10个人的结果

缺钱、缺人、没有名气是创业公司在创业初期的共同表现。然而，营销领域大火的项目无一不需要投入大量资金，那么创业公司要怎么着手做营销，才能以最低的成本换取最好的效果呢？

现在营销领域充斥着各种热词，如公关、媒体、品牌、4P（product，price，place，promotion，即产品、价格、渠道、促销）等，每一个都让初学者摸不着头脑。创业者要做的就是抛开这些复杂的专有名词，回归营销本质，即受众、信息、渠道、节点。

1 受众

受众是指营销信息传播的对象，这一点与创业者的营销目的有关。以直播行业为例，一家公司的传播对象可以分为用户、主播、投资者。针对不同的传播对象，有不同的营销方式。

例如，创业者要向一家公司推销产品，那么受众是产品用户、采购人员，还是该公司的CEO呢？如何正确找到营销受众？这需要创业者把握客户需求和消费决策两方面信息。

（1）客户需求一般是不确定的，需要创业者主动分析和引导。创业者可以通过观察、沟通和分析，挖掘客户的欲望、用途等信息，将客户内心模糊的认知具象化。明确客户需求后，创业者需要判断这些需求的重要性，并将它们排序。

（2）消费决策是指消费者从产生认知到决定购买的过程。对此，创业者要分清消费者在购买过程中扮演的角色是参与者、产品用户、推荐人、决策者，还是破坏者。例如，脑白金的消费决策者与产品用户是不同的人群，它的产品用户是老年人，而消费决策者却是老年人的儿女。创业者可以通过明确每一类人在购买过程中扮演的角色，直接确定营销受众。只有确定了营销受众，产品的价值主张才能清晰。

2 信息

明确了目标受众后，创业者就要开始设计想要传播出去的信息了。首先，传播形式是视频、图片、音频，还是纯文字，这由信息传播的渠道而定；其次，传播目的是卖货、塑造品牌，还是其他，这由公司的目标而定。创业者作为内容供给方，主要工作有两点：一是引起用户的注意，二是点燃用户的购买欲望。

（1）引起用户的注意。《粘住》一书中提到过6种让人过目不忘的要素："简约、意外、具体、可信、情感、故事。"创业者需要结合自己产品的特点，选择合适的切入点，使营销创意能吸引住用户的眼球。例如，美国前总统特朗普的竞选口号"使美国重返伟大"既简约又直白，深深地触动了美国民众的情感，自然就引起了大量美国人的注意。

（2）点燃用户的购买欲望。点燃用户的购买欲望，是为了让他们主动做出行动。无论创业者是想让用户下载视频、报名课程，还是光顾自己的店铺，都要建立在用户自愿的基础上。也就是说，只有用户有想买的欲望，产品才可能卖出去。例如，小米初期的营销手段是"高配低价＋限量出售"，这就是为了用低价和稀缺两大特点点燃用户的购买欲望。

3 渠道

渠道是传播信息的媒体，可能是纸质媒体，也可能是网络媒体，还可能是微信、微博等社交媒体。创业者需要仔细留意自己的潜在用户，观察他们平时通过什么途径来获知公司信息，然后决定使用什么渠道传播信息。

创业者要尽量选择流量获取成本比较低的渠道来做传播，即使是小米这样的独角兽公司，在启动阶段也只是选择了社交媒体做市场传播，而该渠道在当时并不被市场看好，却意外为小米带来了不同凡响的传播效果。另外，创业者还要掌握一些在线媒体，如官网、公众号、官微等权威账户，这样可以提高公司的权威度。

针对不同的受众，创业者一般要选择不同的传播渠道。因为每个人都有自己日常习惯使用的媒体，所以创业者要尽可能多覆盖几个，以此扩大自己接触用户的机会。

4 节点

如果说选择合适的传播渠道是一个传播战略，那么选择具体的"传播节点"就是一个具体的传播策略。马尔科姆·格拉德威尔所著的《引爆点》一书中曾描述了三人传播节点："内行、联系员和推销员。"以微博为例，传播节点可能是当红明星、某领域"大V"或网红达人，因为他们有一定的影响力和号召力，可以在传播过程中叠加传播效果。

10.3 不是每一份投入都有效

创业者B开了一家时装店，目标客户是25～35岁的女性，他在开业时设计了一个赠品策略。B在店门口陈列了许多十分精美的女性帽子、发夹、发圈等产品，并在这些产品上放了一块牌子，上面写着"今日免费"。

这些帽子、发夹、发圈都是免费赠送的，只要消费者在B的店中花30元办一张会员卡，就可以挑选店门口的一个产品拿走，并且以后还能在店里享受会员折扣。

不仅如此,消费者办了会员卡后,每个月都能在会员日时到店拿走一个会员赠品,而且每年都可以拿。这意味着消费者花30元的会员费,就至少可以拿12个赠品。

12个赠品只需要花30元办一张会员卡,怎么想都很划算。因此,该活动吸引了大量的消费者办卡,一传十,十传百,越来越多的消费者知道了B的时装店,B也成功达到了吸引客户的目的。

消费者免费拿了赠品,总会进店看看作为回报。因为会员卡可享受折扣,所以消费者日后也会优先考虑到B的店里买衣服。他们拿了几次赠品之后就会形成一种亏欠心理,会想:"免费拿了这么多赠品,总要回馈店家一些。反正总要买衣服,为什么不干脆在B的店里买呢?更何况还有折扣。"

每个月的会员日,B还会把赠品和新品的图片发送到会员手机上,提醒会员来领取赠品。很少会有人独自逛街,所以这些会员来的时候还会带上朋友一起来。这就使这些会员又变成了推销员,帮店铺带来了新客户。

这些新客户看到免费的赠品,很大概率会在朋友的建议下办理会员卡,成为会员。由于会员卡可享受折扣,因此也就降低了会员去竞争对手那里消费的可能。

通过赠品策略,B与客户建立了良好的关系,店铺的重复购买率为78%,客户转介绍率达63.8%,一年的利润是同类店铺的3.6倍。

本案例中的赠品投入并不会立竿见影地产生回报,甚至在创业者B的店铺开业初期会造成亏损。如果把营销比喻成钓鱼,那么赠品就是鱼饵,有的鱼咬钩成为长期客户,而有的鱼只吃了饵并没有转化为长期客户。可见,在营销过程中并不是每一份投入都会产生回报。因此,创业者要摆正心态,尽可能提高获得回报的概率,避免过高的沉没成本。

随着公司的发展,很多创业者发现营销越来越难做,具体表现为客户购买前反复纠结、挑挑拣拣,最后还是没有成交。然而,有许多客户其实是有购买意愿的,只是在纠结时放弃了购买。这是一个买卖双方都不获利的结果，商家没有成交，客户也没有买到心仪的产品。

为什么会出现这个现象呢？原因是商家让客户面临了"选择困难"。

1 选择太多，不如不选择

很多公司在做营销时都错误地认为给出的选择越多，客户就会越满意，越容易成交。其实不然，让客户有选择权是对的，但如果产品只是杂乱无章地摆在客户面前，让他们硬选，那就是错误的。

例如，公司的产品明确标注了A是为老人设计的，B是为小孩设计的，C是为男人设计的，D是为女人设计的，然后让客户从中选出自己需要的，这样就很清晰，客户也能快速作出选择；但如果公司把A、B、C、D 4种产品摆在客户面前，让他们自己区分自己适合哪一种，客户就会无所适从。所以，不要让客户自己选择什么产品适合他，越难选择，客户放弃的概率越高。

2 产品卖点太多，客户越看越迷茫

产品的本质是满足客户需求，该需求应该是客户真实的需求，而不是表面的假象。产品的卖点多能说明两个问题：一是公司不知道客户真实的需求；二是公司只知道自己产品的特点，并不知道它适合什么样的客户。

卖点越多，客户选择起来就越困难。所以，产品一般只需要一个卖点，例如，老人机的宣传卖点基本就是声音大或字体清晰。

3 不问客户需求，一味促销

销售人员可以现场答疑、演示、建议，其本来目的是提升客户体验，但如果不问客户需求，一味促销，反而会让客户不满。失职的销售人员一般存在以下几个行为：第一，产品卖点背得一字不差，却不知道客户需求，答非所问，只顾自己唱独角戏；第二，只是催促客户购买，客户看什么都只是随声附和，反复摇摆，没有实质性的建议，反而弄得客户不知道什么产品才是真正适合自己的；第三，提供给客户过多信息，让客户自己分析信息作决策。

客户作出决策往往不需要过多的信息，知道的信息越多，反而越会产生更多的未知疑问，导致心里越茫然。创业者做产品营销时切忌把自己的产品当成"万金油"，看似产品可以满足不同客户的需求，但这同时也意味着产品有很多替代品。

虽然并不是所有的营销投入都会收到回报，但创业公司的资金有限，"好钢应该用在刀刃上"，创业者要尽可能避免那些错误的无效投入，合理营造卖点，促使消费者快速作出购买决策，具体可以参考以下两点。

（1）准确定位客户需求。创业者要在营销之前思考自己的产品适合哪一类客户或者找出愿意为产品付高价的客户。有些客户的购买意愿不强，会反复纠结，这些客户只会浪费营销成本，让营销人员反复做无用功。而准确定位客户，既避免了让客户陷入纠结之中，也减少了营销人员做"不成交"的无用功的机会。

（2）精准引导客户购买。创业者还可以为产品写上合理的引导词，引导客户快速作出决策，如"90%的时尚女性都会选择这款衬衣"或"此款外套已经被500位成功男士收入囊中"等。这些合理的引导词可以节省客户的思考成本，从而提高成交率。

10.4 寻找新的利润来源

以往的卖方市场中，产品只要生产出来就不怕没人埋单。但随着物质生活的极大丰富，产品同质化现象越来越严重，卖方市场逐渐变成买方市场。在这种情势下，创业者急需找到新的利润来源，才能突破利润增长瓶颈。

老张的公司主要销售酒类产品，创业后他发现行业内的竞争很激烈，而且去酒店推销自己的产品时经常会被酒店经理回绝，因为他们见过太多推销员了，这些人推销的产品和推销话术都很相似，所以酒店经理们认为与其承担风险和他们合作，还不如直接和大品牌合作，质量还有保证。

于是，老张又花了2万元给自己的产品打广告，周边小区电梯里每天都会播放。然而，广告的效果却不尽如人意，老张最后只收回了10%

的成本。酒类行业里,像老张这样的创业者非常多,其基本的营销方法都是靠低价吸引客户,而产品没有清晰的卖点,因此很难引起客户的注意。

正当老张一筹莫展时,一款叫"雷丁"的电动车的营销方式给了他启发。雷丁电动车的时速只有50千米,而它的竞争产品的时速有70千米,很显然这是雷丁电动车的一个劣势,但雷丁电动车却把它变成了优势。

电动车又称老年代步车,其客户大多为老年人,而老年人的反应速度比较慢,如果车速过快,遇到紧急情况时,很显然是时速50千米的电动车更安全,因为刹车距离更短。于是,雷丁电动车针对这一点提炼出了产品的卖点,即主打安全驾驶的卖点,终于打开了市场。

受到启发的老张决定将婚庆宴席用酒作为产品卖点。确定产品定位后,下一步就是寻找目标客户群。结婚之前,新人一般会先去拍婚纱照,于是老张把婚纱摄影和婚庆公司作为推销的重点。那么老张是如何做的呢?

1 包装一款特供酒

任何产品的销售都离不开包装。老张把一款成本40元、市场价198元的酒包装成了婚宴特供酒。这款特供酒除了包装喜庆外,还附带卡片,可以写祝福新人的话。

2 与婚纱影楼合作

老张找到周边的影楼,对他们说:"我们公司推出一款婚宴特供酒,本来准备打广告,但后来领导决定,直接把打广告的钱让利给消费者。我们可以合作,客户在你们这里拍摄婚纱照,可以领取价值一半拍摄费用的酒,我们只要拍摄费用的5%就行。当然,我们的产品也不担心没人合作。"

有人觉得老张这样做是亏本了,但实际并不是,老张用这种方法给自己的产品打开了销路。待获得足够多的客户后,他的布局才真正开始。

1 承包宴席用酒

新人拍了婚纱照,来老张这里领酒时,老张趁机把话题往宴席上引导，让他们将自己的酒作为宴席用酒。婚礼宴席用酒是一项比较大的开销，肯定不止一两瓶，老张通过承包这些宴席用酒很容易实现盈利。

2 蜜月旅行

现在结婚的新人大都要蜜月旅行。旅游业的利润非常高，老张虽然无法做，但他手里有很多需要蜜月旅行的客户，所以他和旅行社合作，把这些客户介绍给旅行社，从中赚取介绍费。

3 婴儿产品

除了向这些客户推荐蜜月旅行的旅行社外，老张再次发掘了他们的价值。老张把这些客户拉到一个群里去，在群里分享备孕常识和婴儿护理知识。年轻夫妇对第一个孩子是最看重的，不但备孕期会花钱筹备，孩子生下来后也会有大量的开销。

很多经营母婴产品的商家都是寻找有孩子的客户去谈，老张则是提前布局，盯紧了这些刚结婚的年轻客户。尿不湿、奶粉都是婴儿必需品，而且用量大，利润高，老张最大的利润来源也在此处。

很多创业者在营销时只会站在固有角度看问题，所以很难把营销翻出新花样。例如，卖酒的就只是推销酒，卖家具的就只是推销家具，卖奶粉的就只是推销奶粉……在大家的产品质量差不多的情况下，有这种思维的创业者只会作出打价格战的营销决策，靠销量盈利。而这样的创业不仅失败概率大，还会让创业者身心俱疲。因此，创业者要学会站在一个更高的维度看问题，寻找新的利润来源，从价格战的泥沼中脱身。

10.5 产品分级销售价格设计

细心的人可能会发现，菜市场里卖菜的商家常会把一种菜分两拨卖，一拨价格便宜，一拨价格贵些。当消费者问起二者的区别时，商家会说贵的那个新鲜一点。事实上这两拨菜都是一起送来的，之所以要分开卖，是因为这样卖得快。

有人买菜看重质量，有人买菜看重价格，分成两拨卖就能同时满足这两种消费者的需求。而如果把这些菜放在一起卖，最后不新鲜的都会被挑剩下，再也卖不出去。这种将同一种产品定出不同价格来销售的做法叫做"分级定价"。下面以水果店为例，分析分级定价的逻辑以及如何分级定价。

对同样的水果进行分级定价是为了更好地实现水果本身的价值。同一批苹果，也许是从一棵树上摘下来的，但品质并不完全相同，好的就应该价格更高。就像同一个大学毕业的学生，有的人工资高，有的人工资低，这是因为他们各自的"品质"不同。

这是一种比较公平的判断标准。品质高、能力强的学生虽然工资高，但是他能创造更大的价值。苹果也一样，外形美观、口感好的苹果定价高，虽然流失了一部分看重价格的顾客，但是吸引了更多看重质量的顾客。

分级定价除了有溢价作用外，还有一个逻辑，即完善产品线。例如，不同进货价的苹果分成4级销售，建立低档、中低档、中高档、高档4个价位，以满足不同消费者的需求。完善的产品线很难给竞争对手留下空当，但如果有一个价位空缺，竞争对手必然会在这个价位上大做文章，抢走潜在客户。

一家水果店里所有的水果都适合分级定价吗？其实并不是的，分级定价的水果需要具备一定特征，即水果要有分级标准。同一箱中的水果有大小、形状、颜色上的差异，或味道和外观上有明显的区别。水果店需要根据水果的大小、颜色、味道等特征对其进行分级，再做不同的商品化处理。例如，将比较大的荔枝挑选出来后用包装盒打包销售，剩下的小荔枝放在冷柜里散卖。这样，顾客就可以快速看出两者的差别，并自觉接受这是两种不同的商品，从而接受两者不同的定价。

这就像大卖场和精品店都从批发市场进货，但大卖场的同种商品价格要比精品店的低很多。这是因为大卖场进的货是同一品类中的次品，价格自然可以定低一些。因此，创业者在给产品定价时，不要总想着用低价吸引消费者，这很容易陷入与竞争对手互相压价的恶性竞争中。创业者应该用产品的品质和性价比来留住消费者，这样才能把公司做大、做强。

第 11 章
招聘面试：双方都满意，不必大材小用

人才是保证公司得以正常运转的关键因素，而创业公司经常会因为薪酬欠佳、工作内容庞杂、办公地点不尽如人意等让许多求职者望而却步。相比环境稳定的大公司，创业公司对人才的需求更为迫切，每一次招聘产生的成本也相对较高，所以招聘必须保证人员质量，精准定位适合自己公司的人才。

11.1 招聘简介如何写才不亏员工，不亏公司

近年来随着求职者就业观的改变，盲投、散投的现象越来越少。越是高水平的求职者，申请工作就越认真，因为他们已经认识到，与其浪费时间在一个不合适的工作机会上，还不如做一些更有价值的事。

创业公司的时间和资金成本都有限，招聘过程需要规避那些与岗位需要严重不符的求职者，以免浪费双方的时间。对此，招聘信息中的岗位描述一定要写得全面而准确，具体需要注意以下 4 点。

1 精准定位，突出吸引力

与大公司相比，创业公司在薪资待遇、工作环境上可能缺乏竞争力，但这并不意味着创业公司对求职者毫无吸引力。一些大公司的招聘会在年龄、学历、专业、工作经验甚至户口等多方面对求职者提出限制性要求，这样的"高门槛"常常会让一些求职者望而却步。

有鉴于此，创业公司可以适当降低要求，比如，需要工作经验的岗位可以适当放宽对年龄和学历的限制，需要学历和专业背景的岗位可以适当放宽对工作经验的限制。针对不同的岗位，设计具体的要求，重点突出差异化和针对性，也能起到很好的效果。创业者可以另外再向求职者提供一些福利，如下午茶、交通补贴、节日礼物等，以增强公司对求

职者的吸引力。

2 合理的关键词布局

求职者在浏览招聘信息时常会借助一些关键词进行检索，如"行政+双休""销售+提成""五险一金"等。这些关键词可以帮助求职者节约时间，所以各大招聘网站也会有相应的检索功能。

创业者在撰写岗位内容描述时一定要注意标注正确的关键词，否则求职者很可能找不到创业者发布的工作信息。

3 避免过度包装

过度包装是一些创业公司在招聘时常犯的一个错误。比如，有的创业者在招聘信息中夸大描述公司的状况和岗位待遇，导致求职者对公司产生过高的期望。而一旦求职者在应聘过程中发现实际情况与自己的预期不符，自然不会留下来。所以，过度包装的做法会严重折损公司形象，降低公司在求职者心中的评分，给后续招聘带来更多困难。

4 内容具有一定的销售导向性

发布招聘信息在本质上与销售有异曲同工之处，因为创业者需要推销、说服候选人，让他们相信这是一个他们不应错过的工作机会。因此，在工作待遇的描述中至少要有一个因素能引起求职者的关注，如工资高、环境舒适、交通便利、假期多等。

对此，创业者需要综合对比其他公司该岗位的招聘信息，从中找出吸引求职者的因素，再根据公司的现有状况选取一部分体现在自己的招聘信息中，让求职者能主动对号入座。

11.2 公司坚决不录用的红线

为公司引进人才是创业者的一项重要工作，虽然面试时应该怀着包容的心态为公司选拔人才，但有些人虽然优秀，在性格品质上却存在很大问题。对此，创业者应该设置几条坚决不录用的红线，作为公司的招聘底线。

1 说上家公司的坏话

面试时有一个常见的问题就是："你为什么从上一家公司离职？"有些面试者就会直言说："上家公司的老板就是个土包子，没事儿就喜欢骂人。"这种面试者给人的直观感受就会很不好，因为一个喜欢抱怨的人不太可能与团队融合得很好，而且一个只能记住公司缺点的员工很难对公司产生归属感。

2 简历造假

有些善于包装自己的面试者在面试时喜欢吹嘘自己的经历，这时创业者一定要擦亮双眼，看穿面试者的谎言。例如，面试者说自己平均每个月的业绩是 10 万元，创业者就可以问"你最高一个月的业绩是多少？""能不能谈一谈你印象最深的一个客户？""你接触这个客户时遇到了哪些困难，是如何解决的？"如果面试者对自己的经历撒谎了，后面就要用无数个谎去圆，难免露出破绽。

简历造假的面试者在诚信方面存在很大问题，把这种员工招进来，他可能会在后面的工作中造假，给公司带来损失，所以创业者要注意识别。

3 和HR攀关系

有些非常健谈的面试者在面试时喜欢和面试官攀关系，比如，故意说对方是自己的老乡，然后套近乎。这种面试者或许看起来八面玲珑，但很难确定他的能力强不强。公司需要的是可以创造价值的人，而不是会说不会做的人。这种人遇到问题时首先想到的是攀关系，撇清责任，而不是用自己的能力解决问题，因此很难为公司创造价值。

4 面试时大谈薪酬要求

谈薪酬是面试必不可少的环节，但有的面试者对薪酬极其敏感，他们会详细询问工资的每个细节，生怕自己上当受骗。员工要求薪酬无可厚非，但一般公司的招聘简介都会注明大致的薪酬，而面试官在面试时也会介绍。如果这时面试者还是只关心薪酬，不关心工作的其他内容，那么证明该面试者可能目光短浅，缺乏上进心，上班也只是为了一份工资，而不是想着为公司创造价值。这种面试者可塑性不强，很难经过培养后成为公司的骨干。

11.3　80%的简历可以直接删除

招聘信息发布以后，创业者每天都会收到大量简历，加之现在招聘网站越来越多，使得简历的投递变得更加便捷，无疑又增加了创业者收到的简历数量。

如何从成百上千份简历中快速筛选出有价值的简历呢？创业者只需要完成以下两步。

1 重点关注匹配度，粗略筛选

简历一般分为两类，电子简历和纸质简历。创业者在筛选电子简历时可以使用各大招聘网站提供的简历检索功能，只需要输入公司的岗位需求，系统就会检索出相应的简历。如果是筛选通过招聘会等渠道收到的纸质简历，创业者可以重点针对简历中的某一项内容进行筛选，最常见的就是根据学历和专业进行初步筛选。

创业者在筛选时要重点关注简历与岗位的匹配度，按照匹配度从高到低把简历依次排序，为下一步筛选做准备。

2 针对岗位要求，细致筛选

经过第一轮初步筛选后，接下来就需要筛选出参加面试的求职者名单。为了节约后续的时间成本，该环节需要创业者细心筛选，争取面试时少做无用功，对此需要注意以下几点。

1）明确基本信息

确认求职者的姓名、性别、年龄、学历、意向岗位、薪酬要求、工作经验等基本信息，确定其是否符合公司的招聘要求。

2）重点关注与岗位相关的信息

创业者需要特别关注求职者在同等岗位的工作经验或者相关领域的工作经验，如招聘人力专员应该关注其是否从事过招聘或人力资源管理的相关工作，招聘教师应该关注其是否从事过教育培训等相关工作。如果是应届毕业生，没有工作经验，则要关注其以往的社会实践或者实习兼职等是否与所招岗位的需求相关。

3）关注以往工作的工作年限和职位情况

求职者在一个行业岗位中工作的时间越长，说明其对该行业工作的掌握程度越高，如果该求职者的工作职位有连续晋升，也可以看出此人的工作能力较强。相反，如果一个求职者的工作经历很丰富，工作年限却没有超过一年的，也能反映出该名求职者的稳定性不好或者好高骛远，工作不踏实，创业者可以酌情将其筛选掉。

4）关注工作业绩情况和奖惩情况

工作业绩和奖惩情况从一定程度上可以真实地反映出求职者的工作能力。例如，一个销售员在原来的岗位一个月的业绩是 2 万元，那么他换了一家公司业绩也应该不会在短时间内有太大的变化。

5）关注个人自荐描述或推荐描述

个人自荐描述或推荐描述常常会在筛选简历时被创业者忽视，但是这些描述中往往隐藏着关键信息。通过求职者的自荐书或推荐信的描述，创业者可以考察求职者的语言表达能力、逻辑思维能力和求职者对自己的认知程度。

这些信息往往是无法通过业绩数据和证书看到的，它们能反映求职者的性格。一个优秀的团队需要所有人紧密配合才能向前，创业公司因为人数较少则更是如此。如果求职者在性格上有明显缺陷，很可能会在日后的团队配合中出现问题。

11.4 面试公式化，画好条条框框

面试是招聘过程中最重要的一个环节，创业者需要在较短的时间内最大限度地了解眼前的求职者，判断其是否符合岗位要求。为此，创业

者要设计好面试问题，设定好条条框框，将面试公式化。在设计面试问题时，创业者需要注意以下3个问题。

1 梳理面试维度

面试维度是指面试者考察求职者的不同方向，共计6种，从表层到深层分别是专业知识、专业技能、综合素质与能力、个性特质、求职动机和价值观。创业者需要针对每一个维度建立不同的评价标准，区分出哪些回答是优秀表现，哪些回答是一般表现，哪些回答是较差表现。

2 分析所招岗位的实际问题，形成题干

任何岗位的工作都不能是纸上谈兵，快速看清一个求职者能力的方法就是考察他如何解决实际问题。所以，面试问题的题干最好就是所招岗位工作时可能面临的实际问题。

例如，面试一个人力资源经理，该岗位工作面临的最主要的问题就是"如何处理问题员工"。所以，创业者就可以把"您能否举出一个您成功处理某个问题员工的例子"作为题干。

3 设计对求职者的追问

STAR（Situation Target Action Result）法则包括情境、任务、行动、结果4项内容，在面试中常被用来收集求职者与工作相关的具体信息和能力。与传统的面试方法相比，STAR法则可以更准确地预测求职者未来的工作表现。

创业者可以参考STAR法则设计对求职者的追问，挖掘隐藏信息。例如，可以根据题干追问"当时的具体情况是什么？您负责的工作是什么？突发状况如何处理？结果如何？"这样就与前面形成的题干构成了完整的面试题目。这里要注意，所有的问题必须有连贯性，层层递进，不能突发奇想，让求职者摸不着头脑。

创业者要注意面试过程不是一蹴而就的，不能在面试开始时就提问关键性问题，而是要循序渐进，从和缓的问题入手，慢慢过渡到关键性问题，最后挖掘隐藏信息。只有让求职者有充分的准备时间，面试问题才能测试出其真实的水平。具体的提问步骤应该遵循以下3个原则。

（1）在面试开场时，创业者可以先缓和一下气氛，如让其自我介绍、询问家乡、询问交通状况等，这些问题能帮助求职者减轻压力，与面试者拉近距离。

（2）正式提问部分，这一部分很重要。创业者要根据求职者过往的一些经历和所招岗位需要的关键能力设计题干，进行提问。

（3）面试的尾声，创业者需要设计一些测试求职者价值观的问题。例如，"分享一个你坚持的某种信念被挑战的一次经历"或者"讲讲你曾经应对过的最难打交道的人"等。这些问题可以反映求职者的性格特点，而性格特点则决定着其在未来工作中与团队的兼容性。

创业者需要设计一份面试情况登记表，将求职者的面试情况记录下来，方便归档整理，如表 11-1 所示。

表 11-1 面试情况登记表

姓名			性别	
年龄			笔试成绩	
毕业学校			专业	
评分要素			参考标准	得分
专业技能（10分）			专业符合工作要求，有工作经验	
对职位的渴望（5分）			对本公司做过初步了解，面试经过精心准备，面试态度认真，待遇要求理性	
综合能力（25分）		自我认知（5分）	能准确判断自己的优劣势，并针对劣势提出弥补措施	
		沟通表达（8分）	准确理解他人意思；有积极主动沟通的意识和技巧；用词恰当，表达流畅，有说服力	
		应变能力（5分）	反应敏捷，情绪稳定，考虑问题周到	
		执行力（7分）	能服从领导的工作安排，全力以赴完成工作任务	
综合素质（35分）		可塑性（6分）	较强的学习力，理性接受他人观点，对他人无成见	
		情绪稳定性（5分）	在特殊情况下（如较大的压力、被冤枉、被指责）能保持情绪稳定，无极端言行	
		主动性（8分）	找借口还是找方法，工作方法是否灵活多样	
		服从性（8分）	能服从自己不认可的领导，服从并接受自认为不合理的处罚，能接受工作职责外的任务	
		团队意识（8分）	过去自认为骄傲的经历中有团队合作事项，能为团队做出超越期望值的付出	

续表

职位匹配 (25分)	经历（5分）	是否经常换工作，平均每份工作时间应超过1年	
	性格（7分）	自信、积极乐观、心态成熟、性格与岗位要求相匹配	
	专业背景（6分）	所学是否为相关专业，有无相关工作经验	
	认识职位（7分）	了解工作内容和工作方式，能预见并接受可能的困难	
总分			
负责面试人员签名		日期	
工作业绩			
待遇协商			
有无特长特短情况			
是否录用			
公司签名		日期	

11.5 现场面试流程及注意事项

面试不是简单的聊天，实际上，面试中的每句话都要带有目的性，借此看出求职者的某种能力。一般公司的面试都会分为初试和复试两个阶段，每个阶段的面试内容和考察的侧重点都不一样。二者一般是递进关系，每轮面试会由不同的人员负责。

1 初试流程

笔试大多在初试环节，笔试内容可以是性格测试、基础知识测试等。另外，还需要求职者填写基本信息登记表。这一阶段的主要目的是对求职者做一个基本的了解，包括性格特点、基本信息、专业知识储备等。从这些信息中可以看出求职者与所招岗位的匹配度，以及求职者有哪些地方存在明显缺陷。

创业者需要注意这一阶段面试的另一个重要目的就是验证。有些求职者为了获得更好的工作机会，常会对自己进行过度包装，如将一个月的工作经历夸大为一年或者虚构一些经历等，这种情况可以视为简历造假，有诚信问题的求职者是创业者万万不能考虑的。

张涵是某设计公司的人力资源经理，某一次他为公司招聘UI设计师，最后录取了自称有两年工作经验的万芳。张涵在为她办理入职手续时，对万芳进行了背景调查，发现学信网上查无此人。

后来，张涵把万芳叫来了公司，请她亲自操作登录学信网，但是她一直用各种理由推脱。最后张涵只得让她回家登录学信网，然后发截图给自己。根据万芳传来的截图，张涵发现她确实是两年前毕业的，与简历上说的两年工作经验也符合。但因万芳提交的作品水平参差不齐，很难打消张涵对她的疑虑。

后来根据万芳在简历中写的她参与过的一个深圳的项目，张涵找到了该项目负责人询问情况。负责人明确表示该项目只在北京进行过，并没有在深圳进行。

根据这条线索，张涵发现万芳其实是某设计学院大三的在校生，并没有工作经验，她提交的学信网截图和个人作品都是从网络上下载后修改过的。最后张涵以简历造假为由，取消了录取万芳的决定。

现实中如果遇到这种情况，对创业者和公司无疑是巨大的打击，辛苦招聘的员工，给了他优渥的薪资待遇，结果他却名不副实，而且不能承担公司安排的工作，给公司和团队都造成了损失。那么为了避免遇到这种情况，创业者应该如何做呢？可通过以下5种方法甄别求职者。

1）肉眼判断法

根据求职者的年龄、经历判断，这种方法基本不需要创业者与求职者面对面沟通，只需要观察简历上的基本信息即可。例如，刚毕业的应届生写自己有负责多个项目的经历，但薪资只要求2500元，这样就是前后矛盾，简历上的多个项目的经历可能夸大其词。

2）网络搜索法

求职者简历上写自己曾就职于某公司，但上网搜索发现该公司根本就不存在。这种情况可以在工商局官网及其他可查询公司注册信息的网站上查证。另外，有些求职者为了凸显自己有在大公司工作过的背景，虚构公司人数，将几十人的公司虚构成几百人，这样的信息也可以在网络上核实。

3）人脉验证法

这种验证方法适合在招聘高管时使用，求职者在一个行业中有多年工作经验，肯定会有一些朋友、同事。创业者可以联系这些人，核实求职者的简历信息是否属实，并可以通过这些人打听到求职者多年来的口碑、名声、项目业绩等情况。

4）面试判断法

如果求职者的简历并无大问题，这时初试就要发挥它的作用了。例如，一位应聘程序员的求职者声称自己写过某种代码，取得了某些成就，此时创业者可以出一份专业笔试题让求职者现场作答。如果求职者写出的答案水平不够，则证明他在夸大自己的工作经历。

有些岗位专业性不强，无法设计笔试题目，创业者也可以让求职者详细讲述自己负责项目的经历。如果求职者眼神慌乱，前言不搭后语，那就证明求职者的这段经历很可能是"注水"的。

5）背景调查法

最常用的背景调查法就是去学信网核实求职者的学历。如果创业者对求职者的工作经验存有疑虑，可以随便举一个人当例子，来观察求职者的反应。

例如，"你们公司有一个叫××的，他现在在什么部门？"通过这样的问题来观察求职者的反应，如果求职者含糊其词或者拒绝回答，则证明他的工作经验很可能存在问题。

2 复试流程

复试一般以面试为主，是招聘工作相当重要的一个环节，因为复试的候选人是经过初试筛选过的，其与职位的匹配度会很高，即在很大程度上这些人中会产生匹配者，所以这一环节需要创业者亲自负责。复试一般分为4个阶段，如图11-1所示。

1）启动阶段

启动阶段需要创业者与求职者建立融洽的关系，求职者进门之后，创业者要首先表示欢迎。例如，"欢迎林女士来我们公司面试，我是这里的负责人×××。"然后创业者可以简单地寒暄一下，帮助求职者放松，如外面热不热、路上堵不堵等。

图 11-1　复试的 4 个阶段

寒暄虽然看似是"没话找话",其实是让求职者放松下来,以平常心应对面试,也有助于后续面试过程的推进。

创业者需要注意尽量少用压力面试。有些面试者对求职者过度的质问、质疑会比较反感,面试者本想测试求职者的抗压能力,结果却起到了反作用。这些测试会让求职者觉得公司负责人太过强势,不好相处,于是先打了退堂鼓。

创业者要记住,现在的招聘是公司和求职者双向选择的一个过程。求职者在表现自己的同时也在考察公司,一个专业、进退得宜的面试官有时也会成为求职者选择公司的理由。

2）深入阶段

深入阶段需要创业者对求职者做全方位的了解,尤其要找到关键事件,由表及里,深入挖掘求职者的隐藏信息。

根据求职者的简历,创业者要重点关注求职者的工作经历,对其每段工作经历都要询问,与所招岗位相关的更要详细询问,从中找到关键事件。关键事件是指与所招岗位匹配的一些经验或者能力。

这个询问过程要近乎琐碎,如求职者以前任职公司的状况、公司规模、人数、业绩、部门配置、岗位职责等。如此询问下来,创业者就能快速判断求职者的工作状况以及其对行业的了解程度。

即使最后创业者觉得求职者不适合,也不要马上结束面试,还可以继续和求职者聊一聊。例如,"你们部门有多少人?你们领导是谁?能不能把你们领导的联系方式给我,我承诺不会跟他说你来面试。"

这样虽然面试没有成功，但创业者却能获得一个人脉信息，毕竟国内职场是一个熟人的职场，同行业公司间合作的机会也比较多。

3）验证阶段

验证阶段需要创业者针对深入阶段发现的关键事件追加提问，挖掘隐藏信息。例如，招聘一个销售人员，那么他需要具备一定的销售能力或是拜访陌生人的能力。

创业者可以对此设置一个情景，如"如何向陌生客户推荐公司的产品？"从求职者的回答中判断他是销售能力强，还是把控市场的能力强或者是社交能力强。这样也可以对求职者在深入阶段描述的个人信息进行验证。

4）结束阶段

结束阶段是所有问题结束的一个收尾阶段，一般面试者会说"您还有其他问题吗？"求职者大多会询问收入、具体工作内容等。

创业者要记住，这个阶段一定不能忽略，因为这是决定公司给求职者留下什么印象的重要阶段。如果求职者比较优秀，创业者很想挽留，那就需要在这个阶段多介绍公司情况和岗位情况，如公司的福利、晋升通道等。这个阶段也可以说是创业者向求职者推销自己的阶段。

最后，创业者要再浏览一遍求职者的简历，查看有无遗漏或空缺，要做到全部信息了然于胸。如果没有问题，创业者就可以给求职者打分，结束面试。

📁 11.6 入职手续办理不严格，风险到底在哪里

员工来到公司的第一天，创业者应先为员工办理入职手续，检查员工的各项证明材料，并与其签订书面合同。

通常情况下，公司招聘到员工后会有一个试用期，时间为1～3个月不等。因为招聘是公司和员工之间双向选择的过程，有了试用期这一制度，员工可以在这一时期考察和熟悉公司的情况，公司也可以在这一时期对员工的实际工作能力进行考察，最终双方再决定是否选择彼此。

有的公司因为急缺人才，常会让员工先工作，再补办入职手续。其实这样做的风险是很大的，具体有以下几点。

（1）办理入职手续时会对员工的学历、资格证明、离职证明进行检查，如果这一程序做不到位，录用了尚未离职或还处在竞业限制期内的员工，不仅会侵犯其他公司的合法权益，还要面临法律纠纷。

（2）如果公司没有及时与员工签订劳动合同或入职协议等具有法律效力的书面文件，可能会面临法律纠纷。按法律规定，公司应在员工入职一个月内签订劳动合同，否则一旦员工仲裁，公司就要赔偿员工未签订合同期间的双倍工资。

（3）有的公司规定：员工的试用期为3个月，入职后有一周时间的培训，培训合格后正式上岗，培训合格，培训期间才有工资，而且试用期内没有社保。这种不严谨的试用期规定其实是违法的，因为法律规定员工在培训期和试用期都是要有工资的，而且公司要及时为员工缴纳社保。如果公司没有依法履行该义务，员工一旦就此事举报，公司不仅要补缴社保，还要缴纳滞纳金。

第 12 章
员工培训：复制一种基础性能力

公司的培训能够使新员工快速了解企业文化、政策和发展方向，了解公司整体的规章制度，掌握工作所需技能，快速适应岗位，从而消除新入职时的紧张感，尽快融入团队。

📁 12.1 强化记忆、强化操作是快速精通的方法

新员工培训是每个公司都必须要做的工作，但有些公司要么过于重视培训员工的工作流程，要么使培训体系流于形式，这两种极端的方式都造成了不良的后果：要么员工感觉受控，工作起来没有激情；要么后期才检验团队的执行力，结果总是在执行过程中出现偏差，使执行力大打折扣。这让很多公司都产生了疑问：培训应该怎么做才好？

培训的主要作用就是把事前控制和事中控制相结合，它对于团队工作具有时效性和及时性。很多问题在萌芽时就能够被解决，这就是培训的作用。培训及时纠正了执行上的偏差，有利于解决时间被拖延以及资源被浪费这两个问题。

培训是保证团队计划正常进行的必要步骤，也是团队执行力的具体体现。但是，总有人会误解培训的作用，认为只要有完整的培训体系，执行力偏差就会得以消灭，团队计划的推进就不会出现错误，于是这些团队对员工进行事无巨细的控制。由于培训体系过于严格，导致团队成员士气低落，工作起来缺乏创造性。

有效的培训应该有框架但不具体。创业者需要让员工反复强化对工作流程以及操作流程的记忆，快速让其熟知基本步骤，避免在流程上出错，同时又不指定具体的工作方法，让员工拥有创新的空间。

创业公司的培训时间较少，使得每个新员工都必须能快速进入工作状态。对此，"记住"工作要点就是最快、最直接精通工作的方法。创

业者要把握好这点，在培训过程中，反复将工作的关键点向新员工强化，让其"记住"，从而在日后的工作中能快速做出反应。

另外，培训本身就是一个发现继而改正问题的过程，因此创业者在培训新员工时需要敢于指出员工的错误及不足之处，坚决不姑息不上进的员工、认识不到自己存在的问题的员工、自我剖析不深刻的员工。只有这样，培训才能真正发挥作用，让新员工的工作能力有所提高。

加强培训工作，既是一个传导外部压力的过程，也是一种激发内在动力的过程。创业者既要突出指导的针对性，帮助新员工找准需要解决的突出问题，也要突出培训的严肃性，严格要求、层层把关，还要突出沟通的及时性，针对培训中遇到的普遍性问题及时与员工通气、协商解决。

因此，专业的培训计划一方面需要创业者全面、悉心地对员工进行指导，另一方面要求创业者严格管理员工，使员工感到压力，从而保持对培训认真负责的态度，员工的认真态度也能使强化记忆这个培训方法顺利实施。

12.2 培训人员如何做示范

许多员工刚入职时都很害怕接到客户的电话，因为不知道如何和客户沟通。有时客户主动询问，员工讲话的声音也很小，特别没有底气。这种现象普遍存在于新员工中，新员工即使接受了培训，但还是缺乏实战经验。这时公司就要安排带教人员把培训的重点内容都在新员工面前演示一遍，如打电话环节，带教人员可以亲自给客户打电话，在打电话的过程中合理运用一些销售技巧，让新员工学会怎么把这些技巧运用到工作中来。打完电话后，带教人员要对该过程进行分析，然后总结出优点与缺点，加深新员工对打电话环节的切身体会。

任何行业的工作对员工的要求并不仅仅只是拥有专业知识，而提高新员工能力的最好方式是亲身感受。因此，带教人员演示时要做到以下3个方面，如图12-1所示。

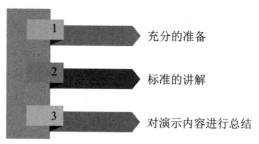

图 12-1 带教人员演示时要做到的 3 个方面

1 充分的准备

有些带教人员认为自己是前辈,带了那么多人,演示一遍不会出错。事实上,很多失败的案例都是由于带教人员过于自负造成的。如果因为带教人员过于自负而在演练中出现问题,不仅会带给员工错误的讲解,还会在员工心中留下不好的印象,导致员工对带教人员日后的培训内容、工作指示都抱着怀疑的态度。

因此,带教人员在演示之前要做好充分的准备,多练习要演示的内容,再给员工干脆利落地演示一遍。

2 标准的讲解

标准的讲解分为 3 个部分:理论部分、流程部分、案例部分。理论部分为工作提供了底层支撑,流程部分让新员工能够掌握基本的步骤,案例部分能够结合实际分析工作的注意事项。

带教内容一定要有系统性,教哪些内容、怎样教,也需要制定标准和具备相关技巧。带教人员要制定好流程、标准、细节,才能获得想要的带教效果,避免新员工走自己曾经走过的弯路。带教人员要帮他们分析工作失误的原因,找准错误根源,使其逐渐地积累正确的工作方法,让其一切工作操作步入正轨。

3 对演示内容进行总结

在学校考试过后,老师都会对试题内容再进行总结。因为在老师讲解题目时学生可能听明白了,但过一段时间就忘了,所以老师需要经常对知识进行总结。带教人员演示也是同样的道理。带教人员总结的内容至少要包括这次演示的重要性、工作的正确做法、出现问题时的应变方法以及注意事项等。只有通过反复总结，员工才能将这些内容记得更牢靠，从而更好地提升工作能力。

12.3 新人复述

带教人员演示的内容一定要让新员工模仿着去做一遍，他们才能在复述中找出差距，提升自己的能力。

带教人员在员工第一次复述时要对他们逐一监督，找出员工与自己的差距。在带着员工复述时，带教人员应该做到"四不"：不点评、不打断、不询问、不批评。因为员工刚开始进行复述时，在业务流程方面难免会有不熟悉的地方，出现这样或那样的错误也很正常。

在复述过程中，带教人员还要面带微笑，时不时点头，给员工一定的鼓励，帮助他们增强信心。这样做有利于员工缓解紧张情绪，从而减少失误。

复述之后，带教人员要针对员工的表现一一作出评论。首先找出他们的优点，对他们的工作表现予以肯定，让他们感觉到通过带教人员的示范，他们是有所成长的；在表达肯定之后再对他们的错误作出分析，让员工认识到自己的不足，从而提升自己的工作能力。

找出差距的目的不是分出谁对谁错，而是为了帮助员工成长和提高，因此不要用对错来评判员工的能力。在复述过后，带教人员可以要求员工对自己的表现进行总结发言，说出这次复述带来的感受和好处。这样做的目的是让员工对自己的工作状况有一个更好的了解，从而主动改进工作。带教人员要认真和员工分析失误的原因，带领他们走上正轨。

12.4 复述—找错—复述—找错—标准

带教人员在进行完第一轮"复述—找错"工作后，要找时间再对员工进行第二轮"复述—找错"工作，如此循环"复述—找错"工作，直至员工的工作趋于标准。

在第二次带领员工复述之前，带教人员要提醒他们之前犯过的错误，注意这一次不要再犯。带教人员要让员工对自己的复述进行更深一步的对比分析，不断与员工沟通，了解他们的思想状况，积极引导，加强对员工的关心，增强团队的凝聚力。

在进行第二次教学演示时，带教人员应该比第一次更加突出重点，讲到重点时要稍微放慢速度，但是不用再像第一次那样给员工讲解分析。在员工复述环节，带教人员尽量不要打断，只需要在旁边听员工讲，让他们说出带教人员的演示和他们的演习有哪些差别，有什么需要改进的地方。比如，他们和客户说话时表情不够认真、态度太过强硬，因为紧张而语无伦次，等等。无论是哪方面的问题，一定要具体分析，找出差距。找出差距是为了更好地提升员工自身的能力，不断地缩小与标准之间的差距。

深度的对比分析是必要的。带教人员在带员工做第二次复述时，可以使用对比分析法和第一次的演习做比较。对比分析法也分为很多种，其中一种是水平分析法，水平分析法是与竞争对手或者公司里最强的人进行对比，找出差距。水平分析法包括两个重要的方面：一是制订计划，根据已有的标准和参照物确立目标，制订相应且适合自己的计划；二是不断采取合理、有效的改进措施，取他人之长，补自己之短，不断提高自己的销售水平。

知道该做什么和怎么做，并不等于可以顺畅地进行实际操作。要想达到目标，模拟演习一次是远远不够的，必须多次重复演习，再不断修正，直至达到理想的效果。

第13章
管理宽严有度：让员工有压力、有动力

管理是一门艺术，一个优秀的老板可以让员工自觉地聚集在他身边。创业者只有做到在管理上宽严有度，才能让员工既有压力，又有动力，甘心为公司创造价值。

13.1 有效开会：有目标、有流程、有反馈

公司的很多工作都离不开会议，但许多员工可能不喜欢会议，认为会议影响工作效率。经常有人抱怨：一天开两个会时间就过去了，什么工作也做不成，会议还没得出结论。在公司业务开展的过程中，开会是不可避免的，但创业者可以让它变得高效而且有用。

小林在一家公司负责空气净化器项目，技术工程师在对产品进行测试时，发现传感器有缺陷，但是离原定的上市时间只有30天了，项目很可能会延期。于是，小林召集了技术部门、质量部门、采购部门、市场部门、生产部门的负责人开会，讨论解决办法。会议进行了3个小时，会上众人进行了激烈讨论，最后却没有得出有效结论。

在该案例中，小林召开的会议很明显是在浪费时间，大家坐在一起干着急，问题却依然没有解决。对此，小林需要一套有效的会议管理方法，做到有目标、有流程、有反馈。

为了避免像小林一样开无效的会，在会议开始之前，创业者应该先问自己3个问题。

（1）开会的目的是什么？目的是开会的基础，如果会议连目的都没有，那就是在浪费时间。也就是说，有"冲突"才需要开会，而开会的目的是解决问题。如果是固定的例会，最好的形式是5分钟的站立会，

创业者要强迫自己压缩会议时间,将重点信息沟通清楚即可。

(2)如果不开会,可否解决问题?参加会议需要许多人暂时停止手头的工作,不仅消耗资源,还会降低工作效率。因此,创业者在开会前必须想清楚这个会议是否必要,如果和一两个人沟通就能解决问题,那么就尽量不要开会。

(3)会议的预期结果是什么?创业者在开会之前一定要设置好预期结果,当得到这个结果时,应当立即结束会议,而不是任由会议无休止地进行下去。马云分享过他进会议室的两种状态:一是心中已有答案,想听听大家的意见与自己所想是否一致;二是心中没有答案,想听听大家的想法来确定答案。而后一种会议往往得不出答案和结论。

在上述案例中,小林就没有明确自己开会的预期结果,导致会议没有结论,最终不能解决问题。那么,高效的会议应该如何开呢?以下是开会的具体流程。

1 会前准备

(1)定人:确定参加会议的人员以及他们的职责,如与会人员、决策者、主持人、记录员等。

(2)定事:确定会议的主题,即开会的目的。

(3)定时:确定会议的时长。

会前需要依照3个原则来进行,即有准备、已明确、可预见。有准备,指的是相关资料准备齐全,全员对会议内容皆有所了解;已明确,指的是与会人员皆知晓自己的责任和义务;可预见,指的是会议结果可预见,避免会议结束后没有结果。

2 会中控制

在会前准备充分的情况下,会中只需要按计划进行,产出会议结果即可。在此期间,创业者要尽量避免提及和会议内容无关的话题,以免降低会议效率。

3 会后跟进

创业者在会后应对会议结果进行通报,将会议结果反馈给全公司知晓。通报内容包含以下两部分。

(1)哪些人员未在会前做充分准备?对会议结果造成了哪些影响?

(2)会议产出了什么成果?实施后有哪些积极效果?

这样做可以让员工在参加会议时更加慎重,自觉在会前做好准备,从根本上提高会议效率。

13.2 "三跟":日跟进、周跟进、月跟进

所有公司都有自己的年度计划,但计划做得好的公司比比皆是,能将计划有效执行并全面落地的却屈指可数。其原因就是公司缺少有效跟进计划的方法。那么,目标计划如何才能有效执行呢?

尽管每家公司的目标各不相同,管理方式不一致,激励措施各异,但公司目标想要落地,都必须统一规划。只有全面监控每一个行动细节的如期实现,才能确保整体目标的实现。计划再好,不落地也是纸上谈兵,事后复盘也于事无补,做好事中控制才是确保目标实现的关键。创业者作为公司负责人,在公司目标实现上要做到"三跟",即日跟进、周跟进、月跟进,建立有效的管理机制目标。

1 日跟进

创业者需要将公司整体目标分解到个人,制订翔实的行动计划,具体到每个月的每一天,让小目标具有可监控性。这种监控是逐级管理的,每一级管理人员只需要管理自己的下一级员工即可。最后的统筹规划由综合管理部门负责。这样既实现了对目标执行过程的监控,又避免了职责重复。创业者要形成习惯,既然设立了每天的行动计划,就要及时对到期任务进行检查,形成有效的管理机制。具体的管理内容有以下几个方面。

（1）项目管理：凡是阶段性、跨部门的项目，都要进行项目管理，按照完成日期倒排计划，具体到哪项工作哪天完成。

（2）经营指标：具体为可以量化的指标，设置每天应完成的具体数据。

（3）日常工作：罗列每天日常工作的条目。

2 周跟进

有人认为日跟进时间太短，有的项目周期很长，日跟进反而会浪费时间。这时创业者就可以选择周跟进，周跟进是阶段性、系统性地检查，以确保各项工作按期推进，并能及时发现问题，协调解决方法。因此，很多公司实行工作周报制度，每周各部门要就部门工作完成情况、下周工作计划、本周工作主要内容及问题等进行总结。

3 月跟进

很多公司都有月总结的习惯，因为一个月的时间里项目进展普遍会有一个较大的变化，所以要对其进行总结，以便确定下一步的执行方向。创业者一定要在月总结的同时展开月经营分析，召集相关部门从财务和经营角度进行目标分析，包括效益差异、成本控制、各项经营指标实现情况等，争取做到公司的每一个人都了解目标进程，而不是闭目塞听地蛮干。

13.3 年终奖捆绑绩效

每到年关，朋友圈都在晒年终奖的消息。创业公司虽不敌大公司的豪气，但也可以通过绩效设计发出令员工满意的年终奖，毕竟发放年终奖也是公司人性化管理的一大体现。创业者要怎样操作，才能让年终奖实现双赢呢？对此，作者有以下几点建议。

1 任何绩效方案都要与员工取得一致意见

减少纠纷的前提就是公开规则，因此，年终奖的设计方案不应该年末才去制订，而在年初就应该拟定，并告知员工。有的公司人员较少，激励方案也不明确，只说让员工努力工作，公司赚钱了就不会亏待他们。员工既没有衡量成绩的标准，也没有展现成绩的平台，每个人都热衷于在朋友圈花式晒加班，企图表现出自己很努力的样子。但是到了年底公司的结余并不太多，这时很多创业者就会纠结年终奖该如何发，才能让员工没有怨言。可见，年初没有做好年终奖分配规划，隐患就会在年底爆发。

公正的绩效管理机制既要让公司上下的努力方向保持一致，又要确保工资奖金与绩效成果紧密联系，避免出现"大锅饭"和多劳少得的不公平现象，使员工更有工作动力。

2 过程管理

年初拟定好激励方案，年底就可以直接清算年终奖吗？并没有这么简单。创业公司最不稳定的因素就是"人"，在执行一个项目时，有时设计生产的时间只占50%，其他时间则消耗在沟通、管理、汇报等工作上。而工期延迟、熬夜加班等也是由于分工不合理或者节点把控不当导致的。对于公司来说，其带来的是高昂的人工成本；而对于员工来说，其带来的是疲倦和低效。创业者只有剔除这些人为干扰因素，才能实现年终奖的合理分配，真正让员工劳有所得。

剔除人为干扰因素最有效的方法就是进行过程管理，明确知晓每个员工究竟完成了多少工作，从而给那些真正创造价值的员工发放高额的年终奖。

过程管理指的是使用专门的方法来策划、控制过程的效果、效率，包括计划、执行、检查、处理4个阶段。

（1）计划阶段。计划指的是目标及活动规划，包括现状调查、确定要因、制订计划等。

（2）执行阶段。执行指的是根据上一阶段获得的有效信息实际开展工作。

（3）检查阶段。检查指的是在计划执行过程中或执行之后检查执行情况，创业者可以与计划阶段制订的计划相对照，看是否符合预期结果。

除此之外，创业者也可以抽样检查，只检查比较容易出错的工作和员工。

（4）处理阶段。根据检查结果采取措施，把成功的经验纳入标准，存在的问题则在下一个循环中解决。

以上4个阶段并不是只需要运行一次，而是需要在项目进行过程中周而复始地运行。创业者通过检查每一个阶段的工作，掌握员工的工作情况，然后以此作为年终奖的分配依据。

3 年终奖发放条件要与员工预期基本一致

心理学中的"沉锚效应"指出，人们在作出判断时易受第一印象的影响。发放年终奖也是如此，创业者在发年终奖前要提早给员工打好"预防针"，提前说明年终奖的发放条件，包括是否与考勤、目标完成情况等因素挂钩，让员工有一个大致的心理预期，避免后续的尴尬与纠纷。

如果员工的工作是公司的战略项目，无法用盈利多少来衡量，或者是那种无合同的无法与KPI挂钩的项目，公司也要有明确的奖励办法，而不能让这些员工的工作价值无法体现。创业者可以通过虚拟产值预支、投标奖励等方式弥补员工这部分工作的奖金，这样员工下次再遇到同类的工作也不会产生抵触情绪。

4 团队完成了目标，但公司效益不好，年终奖还发不发

创业公司经常会遇到这种情况：团队完成了工作目标，但因为市场环境不好，公司盈利不多。这时很多创业者会直接砍掉年终奖，要员工和公司共患难，这样的公司很容易在转年的"金三银四"求职季流失很多优秀员工。

对于创业者来说，人才也是公司宝贵的财富，只有他们创造价值公司才能稳定发展。所以，创业者要尽量避免在奖金问题上朝令夕改，既然规定了只要团队完成了工作就发年终奖，就必须兑现承诺。如果公司效益实在不好，可以选择压缩高管的奖金，但是不要亏待员工，这样一方面可以激励高管提高管理效率，另一方面可以有效激励员工明年为公司创造更大的价值。

年终奖的发放既是一门管理的艺术，又是一门沟通的艺术。年终奖怎么发才最合理不应由公司高层说了算，而应由员工自己的业绩说了算。因此，年终奖的分配要兼顾公司的精细化管理和对员工的尊重与诚意。创业者要充分发挥绩效的作用来设计年终奖，做到既不亏员工，又不亏公司。

13.4 季度奖如何发放才有效

某餐饮公司员工 A 说："工作最大的动力就是及时反馈的奖金，自己有多努力就有多少收入，看着账户余额增长，我就有更大的干劲。"员工 A 所在的公司为了激励员工努力工作，从不拖发奖金，员工的工作有了成绩，基本都会以奖金的形式当月兑现。这种奖金发放形式非常受员工欢迎，员工们都纷纷表示自己的工作动力更强了。

该餐饮公司的做法固然达到了激励效果，但创业公司因现金流不充裕等问题，经常不能及时给员工兑现奖金，而等到年终一次性发放奖金，激励效果又会大打折扣。这时，创业者可以选择发放季度奖，既能及时激励员工，又不会让公司有太大压力。

季度奖金是对员工在某一个季度超常创造价值的物质补偿。季度奖金是奖金中的一种，一般以季度为时间单位发放，每 3 个月为一个周期。创业者需要根据季度奖金的特点灵活发放，以达到最佳的激励效果。以下是季度奖金的特点。

（1）季度奖金具有很强的针对性和灵活性。季度奖金弹性较大，它可以根据工作需要决定其标准、范围和奖励周期，有针对性地对某项工作进行激励，从而有效调节生产过程中对劳动数量和质量的需求。创业者可以根据公司年度计划的阶段性完成成果为员工发放季度奖金，让其在下一个阶段更加努力工作。

（2）季度奖金可以弥补计时、计件工资的不足。按时、按件计算的工资无法对员工工作创造的价值进行奖励，而季度奖金可以弥补这一点，它按季度对员工工作的成效进行奖励，有助于促进公司管理的公平性和人性化。

（3）季度奖金具有明显的区分性。季度奖金是对某一个阶段超常创造价值的员工进行奖励，可以有效区分出这一阶段员工的工作状态，激励优秀员工继续努力，鞭策落后员工提高成绩。

（4）季度奖金形成的收入分配具有不稳定性。员工每一个工作阶段的成绩都是有变化的，因此不可能每个季度都拿到奖金，所以季度奖金形成的收入是不稳定的。

下篇
现金流篇

第 14 章
现金流管理：公司命脉由自己决定

现金流是一个公司的命脉，创业者只有做好现金流管理，才能让公司实现可持续发展。

14.1 永远要清楚你账户里的现金额有多少

许多创业者曾调侃过："一分钱难倒英雄汉，现金流放倒企业家。"那么现金流到底是什么呢？现金流指的是公司在一定时期内投资进货的钱、销售的利润和本金等现金和现金等价物流入和流出的数量。现金流如果不足，公司的正常经营就很有可能无法维持。

例如，一家公司全年销售收入是 100 万元，销售成本是 30 万元，毛利是 70 万元，员工工资、房租水电、设备折旧等固定成本累计是 10 万元，所以营业利润则为 60 万元。如果税率是 30%，那么该公司应缴税款 18 万元。根据该公司一年的收入与支出，计算可得其一年的净利润为 42 万元。

这样看这家公司的盈利能力或许不错，但如果 100 万元的销售收入中付款方只用现金支付了 50 万元，而剩下的 50 万元为公司的应收账款，那么公司账面上实际只有 50 万元，很容易出现现金流断裂。

很多创业公司破产倒闭都是因现金流断裂造成的，公司卖出去了货，但是没有拿到钱，或者只拿了一半钱，这笔收入成了坏账、烂账，不知道什么时候能收回。但公司每月的开销是固定的，这时公司其实是入不敷出的。所以，创业者在进行现金流管理时，应该时刻注意账户里的现金额，而不是公司的销售额，这样才能保证公司一直都有钱可用。

📂 14.2 算出你的每月资金消耗率，在日历上对这些数字进行标示

大多数创业"小白"一提到自己即将拥有一家公司，自然而然地就会联想到钱袋满满的状态。事实并非如此。对于创业公司来说，其所拥有的现金就像空气一样珍贵，即使创业者在需要钱时可以开出支票，也不意味着他能大手大脚地花钱。

某公司的老板对他的会计说："今年公司效益很好，我们赚了一大笔钱。但是，为什么公司还是没有现金？"会计无奈地把财务报告记录拿给了老板，对他说："公司的账面上确实没有现金，而且本周五我们还需要支出60万元。"

因此，创业者一定要学会资金控制，明确每个月公司需要消耗多少资金，并及时记录，不要像上述案例中的老板一样根本不清楚公司的钱都花到哪里去了。那么，创业者要如何做才能控制好有限的资金呢？

1 成立资金管理机构

资金管理机构应以财务部门为基础，下设资金管理小组，负责编写公司资金使用年计划及月计划，办理对外结算、资金管理等业务，并监督检查公司各部门的资金使用情况。

2 实行公司资金计划管理

每年年底，公司财务部都要牵头编制下一年的财务预算及资金计划，并设计每月的资金计划。其具体计划有以下几项。

（1）销售回款计划：按照客户不同的结算方式编制，由销售部负责。

（2）其他收入计划：按照除销售收入外的其他收入，包括预计借款收回情况等编制，由财务部负责。

（3）原材料采购付款计划：按照采购原料、配件等的不同账期和不同结算方式编制，由内勤部负责。

（4）采购设备付款计划：按照设备采购合同编制，由内勤部负责。

（5）工资及保险支出计划：按照公司人数和历史数据，结合实际情

况编制，由行政部负责。

（6）销售费用支出计划：按照销售支出费用的历史数据，结合实际情况编制，由销售部负责。

（7）管理费用支出计划：按照管理费用支出的历史数据，结合实际情况编制，由行政部负责。

（8）财务费用支出计划：按照贷款情况的大致利息和银行手续费编制，由财务部负责。

（9）税金支出计划：按照本月预计税金数据编制，由财务部负责。

（10）偿还贷款及贷款计划：按照贷款和资金需求编制，由财务部负责。

综上所述，每个部门都有自己要编制的收支计划，待财务部将其整理后，就会形成一份本月资金计划。这是一份全公司的资金使用指南，其作用是使公司的每一笔收入和支出都有据可依。

3 资金的日常管理

公司的财务部要监督计划内的资金使用情况，并严格按资金计划执行，严禁计划超支。如果有的部门需使用计划外的资金，需要先提交书面申请，说明资金使用缘由及情况，交由财务部负责人审批后，再交由创业者进行最后的批准。

另外，财务部需要根据每天的资金收付情况编制资金日报，以便创业者随时掌控资金情况，进行有效控制。

4 资金管理和检查

创业者要安排资金管理小组定期开展资金检查和管理工作，并向自己提交报告，以确保资金的安全性、效益性和流动性。

📁 14.3 立即催款，千万不要假设客户正在向你的账户打款

交易完成后，客户有时会说要晚几天付款，这时很多创业者都不好

意思向客户催款，认为只要再等几天客户自然就会打款了。事实上这种想法是不对的，销售款不能及时到账，很容易导致公司的现金流吃紧，而且客户很可能出现变故，导致对方没有能力支付货款，最终使这笔款项成为一笔坏账。那么，创业者要如何巧妙地向客户催款呢？

1 以诚待人

创业者应养成"说到做到"的习惯，在与客户交往的过程中，秉持"我不食言，你也应讲诚信"的态度。这是一个做生意的基本原则，并不完全是为了收回账款。当真正涉及收回账款时，创业者的好信誉会给客户带来一种无形的压力；反之，如果创业者自己在业务往来中就经常食言，那么客户也会如此效仿。

2 找担保人

找第三方担保人对交易进行担保是对资金的双重保险，这样即使将来付款方赖账，至少还有一位相关债权人去催款。

3 事前催收

有些客户付款一向拖延，在指定的收款日期前去收款，对方一般都会再拖延几天。对这种有"前科"的客户，创业者要学会事前催收，在离收款日还有几天时就通知他还有几天就是收款日了，请他事先准备好这些款项，这样要比收款日当天催讨有效得多。

4 高频次，小金额

对交易频次不高的新客户，无论是代销还是赊销，交易金额都不宜过大。创业者不要嫌麻烦，宁可多结几次账，也不能图方便把大批货物交给一个新客户。须知欠款数额越大越难收回，不要等到结账时再后悔。

5 不要急于销售，风险责任明确

货款无归的风险有时是创业者自己造成的。有时创业者因成交心切，唯恐产品卖不出去，尤其是市场受众面窄的产品，常是发现一个客户就恨不得立马成交。在对客户信用没有把握的情况下，创业者盲目采取了代销或赊销的方式，结果钱货两空。这种销售方式还会被客户抓到弱点，在收取货款时，客户会说："是你非要我进货，我不得已才进货的。反正产品还没有卖完，你带回去好了。"这样，已经买完的产品的货款就很难收回了。

6 严密的合同

为防止客户拖欠货款，创业者在签合同时就要明确交易条件，特别是收款日期要注明没有任何弹性。例如，有的合同上写着"售完后付款"，这样的规定很容易有歧义，因为客户只要有一件货物没有卖出，他就可以抓住"售完"二字不付款。

另外，交易条件必须以书面形式呈现，并加盖客户公司的合同专用章。有的合同上盖的是经手人的私章，当创业者去结账时，对方可能说这个人早就离职了，他签的合同无效，或者直接说公司根本没有这个人。但如果盖的是公司的合同专用章，无论经手人离职与否，对方都不能赖账。

7 随时观察动向

创业者要掌握对方的债务及财务状况，以便在其有款项进账时立刻去讨要货款，或一旦发现其倒闭，立刻了解他有无债权可以划拨，或者可以拿回多少物品抵销债务，以减少公司的损失。

如果客户出现变动，一般会有一些征兆出现，创业者可以根据以下几条特征进行判断。

（1）进货数量突然减少。

（2）处理还在热卖的库存商品。

（3）拖延付款。

（4）辞职员工突然增多。

（5）客户附近的房子写了"拆迁"字样。

（6）追债人增多，客户却避而不见。

（7）下一级客户赊销过多，货款长期没有收回。

（8）内部矛盾加剧。

8 利用第三者

登门催款时,创业者不要看到客户有其他客人就立刻离开,反而要说明来意,在旁边等候,这样可以对客户造成心理压力。因为客户总是要面子的,自然不希望他的客人看到自己负债累累,以免影响与客人谈生意。在这种情况下,只要欠款额不大,客户都会赶快还款,送走创业者。

9 直截了当

对于付款情况一向不佳的客户,创业者催款时不必与其寒暄太久,应直接告诉他自己此行的目的就是收款。如果创业者吞吞吐吐,不好意思直接提,反而会让对方在谈判中处于主动地位,有时间想出压制创业者的办法。如果对方只付了一部分货款,与约定有出入,创业者要马上提出异议,而不是等待对方说明,这样可以始终使自己在谈判时处于主动地位。

10 不给他提出额外要求的机会

如果创业者运气好,一个付款情况一向不佳的客户主动付清了货款,创业者就要立即结束会话,不要过多寒暄,以免他反悔,再提出其他要求。创业者可以这样说:"××产品过10天就要涨价,现在正是进货的好机会,请速作决定以免错失良机,希望跟您再度合作,我先告辞了。"

11 利用还款保证追债

如果客户是公司的长期合作者并且实力雄厚,只是一时资金周转困难,拖延付款,这时创业者可以要求其写下还款保证书、欠条或开具定期支票汇票,这样既可以保证诉讼时效连续,又能给对方施压。

14.4 请求客户支付预付款和定金

请求客户支付预付款和定金也是保证公司现金流充足的一种手段。客户支付的预付款和定金可以应用于项目执行过程中,从而让公司不会预先垫付太多款项，也降低了后期的收款难度，是对公司现金流的一种保障。在实际应用过程中，预付款和定金还存在着一定差别，创业者应该予以注意。

预付款是一种支付手段，目的是解决合同一方资金短缺的问题。预付款不能担保债务履行，也不能证明合同成立。收取预付款的一方违约，只须返还预付款，无须双倍赔付。此外，当事人不得任意在合同中设置预付款，而定金则无此限制。

定金指的是合同当事人约定一方在合同履行前付给另一方一定数额的款项，以保障合同的债权实现。因此，定金属于一种担保形式。

1 性质不同

定金是定金合同的主要内容，交付定金不是在履行主债义务，而是债的担保方式；而预付款是主合同的内容之一，支付预付款是在履行主债义务。

2 作用不同

预付款的作用在于帮助合同一方解决资金困难，使之具备更好的履行合同的条件，具有支援性。定金虽也有这一功能，但其主要作用是担保合同的履行。此外，定金在合同发生争议时还可以作为合同成立的依据，而预付款则不可以。

3 效力不同

预付款在合同正常履行时是价款的一部分，但是如果合同没有正常履行，不管是付款方违约，还是收款方违约，都需要原数返还预付款。定金则不同，在合同正常履行时，定金是收回还是作为货款需要双方另作约定。如果合同没有正常履行，支付定金的一方违约，则无权要求返还定金；接受定金的一方违约，则应当双倍返还定金。

4 支付方式不同

定金一般一次性支付；预付款能一次性支付，也能分期支付。

14.5　6个月生存线

越来越多的公司陷入经营危机的主要原因是现金流出现了问题。一旦现金流出现断裂，且不能解决，公司就只能倒闭。

公司的运作和发展必然离不开现金流，资产、负债、产品产销、支出、人工等都需要费用。买原材料需要资金，给员工发工资需要资金，销售营销也需要资金。这些资金支付，不管是日结、周结还是月结，都属于应付账款。公司需要的资金大部分以月或季度为单位，这就引出了一个概念，即公司的6个月生存线。

什么是公司的6个月生存线？简单来说，就是公司现有的现金流能满足公司至少6个月的运营，这6个月不是上限，而是底线。这条线就是一道用于提醒创业者的黄线，一旦触碰到这条线，创业者就要提高警惕。

2019年1月，四川一家纸业公司被传"倒闭"，资金链断裂崩盘，公司拖欠员工3个月工资，导致工人罢工堵门讨要工资，供应商也堵到门前。据供应商反映，这家纸业公司倒闭是因为欠了1.9亿元外债，法人抽取公司资金以投资某高速公路，才导致现金流断裂。

无独有偶，杭州一家包装制品有限公司的老板也被爆"失联"，工厂陷入停产状态。知情人士透露，该厂此前就出现过主要生产原料缺货的情况。至于工厂停产、老板"失联"，是由于老板前期投资房地产行业，建了一栋9层楼房，结果资金未能在预期时间内回流，从而导致包装公司现金流断裂。

这家纸业公司是将正常运作的资金挪为他用，导致资金链断裂；包装制品有限公司是老板多元化经营，投资房地产，导致资金链断裂。这两个案例在用血淋淋的事实告诉我们，不管什么时候，有什么样的野心，创业者一定要为自己的公司保留6个月的现金流，这是公司的生存线。

有这6个月的缓冲期，即使公司面临资金危机，也有时间去寻求融资或合作伙伴，这样就有机会把公司救活，而不是面对危机毫无招架之力。举个简单的例子，电商亚马逊连续亏损23年，京东10年没有利润，为什么还能继续运营？靠的就是来自投资人的强大的现金流。

上海一家化妆品销售公司的总经理何明在公司现金流不足的情况下向银行贷款，用全部现金进购了一批市场销量特别好的产品，成本为1000万元，最终销售额为2000万元。不考虑销售成本以及营销费用等成本支出，何明这次的利润为1000万元。但这个时候，客户由于现有资金不足，表示要延期付这2000万元，时间为两个月。

两个月后，客户仍未能付清款项，银行贷款到期，再加上各项固定成本的支出，这家化妆品销售公司的现金流断裂，公司无奈倒闭。如果何明在购买产品时没有把现金流全部投入，而是留一部分用于运营，那么公司就不会倒闭得这么快，还有时间找寻挽救的机会。

公司持续经营需要现金流来保持顺畅运行，现金流是保证公司能生存的条件。当公司现金流逼近6个月生存线时，最直接的做法是开源节流，收缩支出，无论是裁员还是寻找合伙人，都要以保证公司活下来为主要目的。

14.6 3个月死亡线

现金流危机犹如公司内部的毒瘤，会使公司陷入死亡的困境。公司的现金流除了存在6个月生存线外，还存在3个月死亡线。这是一条不容触碰的红线，一旦公司的现金流量只能支撑公司3个月的运营，就意味着公司踏入了死亡倒计时，这时创业者要利用一切办法，解决导致公司出现这种情况的问题。

公司为什么会出现现金流危机？原因有以下几点，如图14-1所示。

图14-1　公司出现现金流危机的原因

1 只注重抓机遇而忽视现金流

有的创业者为了抓住机遇将公司做大而忽视了现金流问题。须知，作为公司管理者，一定要保持冷静，理性对待机遇问题。虽说抓住机遇可以很快地将公司做大做强，但并不是所有的机遇都是保持不变的，也不是所有的机遇都能实现盈利。

2 市场突变陷入资金危机

很多时候公司的现金流出现问题都是因为市场发生变化，比如，为政策调整，新技术出现，产品的生命周期已经从成熟期走向衰退期，等等。公司使用新技术，但是没有抓住市场上的大变化，最终只能是先进入市场却落后一步，以致主营业务失去竞争力，资金被套牢。

3 投资不善，陷入资金困境

有的创业者主张公司走复合多元化发展道路，把"鸡蛋放在多个篮子里"，一旦公司在某一个经营领域出现问题，还可以依赖其他领域的发展来规避经营风险。

但多元化也存在缺陷，即容易导致组织结构臃肿，管理难度加大，一旦投资不善，还可能使公司在各类市场中都失去竞争优势。在外界发生剧变时，公司要承受来自各个方面的压力，现金流会最先受到冲击，甚至把公司拖垮。创业者如果一直不务"正业"，一旦多元化战略不当，不仅会对新事业产生影响，还可能影响原有事业的发展，甚至殃及整个公司的发展。

但只要创业者储备充足的现金支付急需开支，就不会出现太大风险，公司也就能顺利生产经营，维持正常运转。

上海一家公司2018年的总资产有200多万元，能够快速调集100多万元现金。公司主营市场调研业务，兼营涉及十几个产业领域的业务。本来发展势头非常好的公司却在一夕之间倒闭了，回过头来看，这家公司倒闭的主要问题是在管理上，而管理问题又发生在最薄弱的资金链环节。

这家公司因为抓住了机遇，发展速度较快，在同类型公司还未涉足大数据等新技术时，他们先一步使用了这些新技术，占据了市场优势。但由于自我意识极度膨胀，这家公司只注重抓机遇，而忽视了公司管理和长远发展。

在此之后，这家公司盲目涉足多个产业，但由于缺乏对项目的评估和分析，导致资金分散、管理粗放，在一些项目上被套牢，陷入资金困境。

除此之外，这家公司为了抓住传统行业这一市场，在踏入大数据领域后并没有不断更新自己在这方面的技术，而大数据等技术的发展势头正猛，越来越多的公司深入发展这一领域，这家公司的主营业务也逐渐失去了竞争力，业绩持续下滑，公司没有收入。

该案例提醒创业者一定要谨防现金流危机。当公司真的遇到3个月死亡线时，创业者该怎么办？4个字：开源节流。在不影响公司运营、合法合规的基础上减少员工支出，为公司争得一息生存时间，能节省多少成本就节省多少成本，同时要加快速度找到合适的合伙人或者投资人，为公司注入资金。

第 15 章
守攻两本账：给自己算账

创业者要学会给自己算账，明确公司的进项与出项，清楚公司账上的余额，不要被销售额蒙蔽了双眼。

📂 15.1 亏损与盈利问题归根结底是算账的问题

创业者如何才能确定公司是盈利还是亏损呢？最简单的方法是算账。只有正确认识公司的亏损与盈利，才能找到公司利润增长的正确途径。

1 亏损务必精确

《洛氏霍克交易法》中曾经说过："使交易账户增长的最大秘密——避免亏损。"在开始获胜前，创业者必须学会及时止损。不能正确看待亏损，意味着创业者不愿接受亏损的现实；而不愿接受亏损的现实，则可能引来更大的亏损。交易制胜的关键在于亏损可以出现，但必须可控，必须精确。

2 盈利尽量糊涂

某个创业项目会盈利多少谁也说不清楚，创业者可以设置一个标准值，收入在这个值以上记为盈利，收入在这个值以下记为亏损。控制好该标准值，剩下的事不妨交给市场。创业者如果捕捉到了市场趋势，就如同钓到了大鱼。此时如果急忙获利退出，就像钓鱼只抓住了鱼头。如果不是趋势结束或反转，那么创业者在面对盈利时不妨大胆一点。米高·马加斯曾说："赢钱的战役不好好利用去赢到尽的话，何来利润填补输钱的买卖？"

面对公司的亏损与盈利，创业者要秉持着止损不止盈的原则，在盈利时要有顺流而上的魄力，在亏损时又要有及时退出的果决。

📁 15.2 什么账不应该算

算账这件事看似简单，只需要计算收入或支出即可。但是实际上，当公司需要纳税时，创业者只注意到了税种的规定，却没有注意到有些账不应该这么算，出了差错，多缴了税也没能发现。

1 计算房产原值时容易出的错

在进行会计核算时，最常见的失误是计算了非房产原值，这在计算独立于房屋之外的建筑物时更常见，包括游泳池、烟囱、围墙、电塔、水塔等。如果误将这些建筑物计入房产原值，就会增加房产税的缴纳额。例如，一些房地产公司在做账时没有取得建筑公司或其他安装服务公司的增值税发票，备注栏也没有注明服务发生的地址，在计算土地增值税时，就无法对该项目进行扣除，最后只能多缴土地增值税。

2 缴纳资本时容易出的错

如果公司注册时选择的是认缴制，那么在收到股东的实缴资本前，借方在会计分录中不能记为"其他应收款"，贷方也不能记为"实收资本"，因为此时还没有收到实缴资本。但如果在会计分录中这样记录，就要根据"实收资本"的增加额来缴纳印花税，这会造成公司提前缴纳印花税。

3 核算所得额时容易出的错

如果公司经营的产品涉及安装，如电梯，那么在核算时应注意将"电梯销售"和"电梯安装"分开，如果一起核算，会使适用税率变高，还要多缴增值税。

4 送客户礼物时容易出的错

创业者在招待客户时将带有公司 Logo 的产品送给客户，这件产品应计入宣传费，而不是招待费，否则会造成费用支出在所得税前扣除，使公司多缴所得税。

5 促销活动时容易出的错

创业者在做账时一定要注意"买一送一"也需要开票，发票上要体现出折扣、赠送的货物、销售额、实收金额，否则赠送的商品会被视为销售品，需要多缴增值税。

6 支付人员费用时容易出的错

支付给不在公司任职的董事的费用不要按工资薪金列支，否则会多代缴个人所得税。如果公司给派遣员工发工资，需要在职工薪酬中核算，而不是列入劳务费用中，否则会影响职工福利费、工会经费限额标准、教育费，从而使公司多缴企业所得税。

7 会计做账时容易出的错

如果创业者从事的是酒店行业，创业者在做账时需要把各种物品正确入账。如果客人在入住期间损坏了房内的物品并支付了赔款，创业者千万不要将其计入销售货物，而应列为住宿服务的外费列支收入，否则会多缴纳增值税。

以上这几条都是日常做的账，但如果不小心算了不该算的账，则很容易造成多缴税，提高公司成本。因此，创业者要明确什么账该算，什么账不该算，为公司节税的同时也相当于为公司盈利。

15.3 年度账要看什么

公司每年年终核算都会形成一份年度账，从年度账中可以看出公司的营收能力。那么创业者应该看年度账的哪些方面，才能确定公司的营收能力呢？

1 看货币资金

有些创业公司因规模较小，平时不打印对账单，但年底的账务记录一定要完整、准确地反映余额。创业者要清楚公司还有多少现金，核对银行对账单和资产负债表查看有无重大差异。

2 看往来

创业者要查看资产负债表上应收账款、应付账款、其他应收款、其他应付款的账面余额是多少。如果有较大的差异,要及时寻找原因,让财务负责人调整和确认。

3 看存货

贸易型和生产型公司的创业者要重点关注存货。如果平时没有盘点库存,年底一定要去盘点,以便明确一年进货总量、生产总量、销售总量、销售对象是谁、剩余产品数。如果余额有问题,就要分析原因,不要让账面和实际情况有太大差异,否则很容易在税务检查时出问题。

4 看固定资产

创业者要查看资产负债表中的固定资产余额与印象中的是否存在较大出入。如果出入过大,则要及时寻找原因,盘点和清理固定资产。对那些已经提前报废的固定资产,要及时进行处理。

5 看应付工资

创业者还要检查资产负债表上的应付职工薪酬是否还有余额。大部分公司的做法是本月工资下月支付,特别是在年底,会计会提出一年的奖金,但还没有发放。因此,报表上应付职工薪酬这个科目应该是有余额的。

6 看预提费用科目

预提费用是企业真正的费用,创业者要注意预提费用有没有相应的发票。

7 看其他各项费用

在其他费用支出中,创业者要重点检查税务局另有限额的费用是否超标,超标金额是否对公司利润造成了较大影响。

15.4 应收账款不计为收入，应付账款计为支出

公司在经营过程中常会有相互往来的款项，于是就形成了常见的应收账款、应付账款。那么，在做账时这两种款项该如何计入呢？

应收账款是公司因为销售原因需要收到的客户的货款。应收账款是一项资产，是商品售出后换取的账款。但是这笔账款暂时还没有划入公司的账户中，因此它也是公司拥有的一项债权。应收账款符合资产的所有要求，它具有过去交易产生、由公司拥有或控制、预期能够在未来带来经济利益三种特点。

应付账款与应收账款相反，它是公司因为采购原因需要支付给供应商的货款。应付账款是一笔负债，是取得供应商的商品后需要支付的账款，但是这笔账款暂时还未支付，因此它是公司的一项债务。应付账款符合负债的所有要求，它具有过去交易形成、预期导致经济利益流出两种特点。

综上所述，应收账款虽然是收入的一种形式，但它其实还未存在于公司的账户中，还有发生变化的概率，为了避免高估公司的现金流状况，创业者不应将其计入收入；而应付账款是公司的一笔负债，虽然暂时还没有支付，但是迟早会支付，所以创业者应将其计为支出。

第16章
极力压缩支出：砍成本、裁成员、撤项目

对于创业公司来说，省钱比盈利更重要。在资金紧缺的情况下，懂得细水长流的创业者往往能走得更远。

16.1 当现金耗尽时，损益表可以被称作虚构的统计数据

有些创业者花钱大手大脚，有时甚至钱花完了，都不知道自己的钱花在了哪里。如果创业者身处资金耗尽的境地，那么损益表可以被称作虚构的统计数据，以度量公司的健康状况，方便创业者查看公司的现金情况。

损益表是反映公司一段时期内经营成果的报表，该表按"收入－支出＝利润"的格式纵向排列。在看损益表时，创业者要重点关注以下几个项目。

1 管理费用

管理费用指的是公司行政管理部门组织和管理经营活动产生的各种费用，包括的项目多且繁杂，所以很多公司都通过增加管理费用来减少利润，从而少缴所得税。

2 财务费用

财务费用指的是公司进行融资而产生的财务成本，包括贷款利息、手续费、汇兑损益等。财务费用有两个备抵科目，即存款利息收入和汇兑收益。如果备抵科目金额大于其他财务费用合计金额，则财务费用为负数，证明公司资金实力雄厚，较少依靠外部融资。

3 公允价值变动科目

公允价值变动主要指的是公司对投资性房地产等进行重估而产生的损益,这不会增加公司的现金流入,反而会使公司多缴所得税,所以只有发债公司会通过资产重估增加利润或减少亏损来美化报表,从而吸引投资。

4 直接计算财务指标

损益表直接计算的财务指标有销售毛利率、利息保障倍数、销售净利润率等。将这些指标和公司前一年度的数据进行比较,可以分析公司的盈利趋势;和同行业均值进行比较,可以分析公司在行业中的盈利水平。另外,将损益表和资产负债表相结合,计算公司总资产收益率、净资产收益率等,可以分析公司的盈利能力和资金收益水平。

16.2 面对现金流的问题,永远要做一名保守者

作为一名创业者,不管公司的资金是充裕还是紧缺,面对现金流的问题,都要做一名保守者。市场环境不是一成不变的,有顺境就会有逆境,创业者应该要"在天晴的时候修屋顶,而不是在下雨的时候"。因此,保证公司的现金流充裕,在不花钱的时候存钱,在花钱的时候省钱,才是创业公司的生存之道。

很多创业者认为现金流不会突然中断或消失,然而如阿里巴巴、万达集团这样的大公司也曾陷入现金流危机。其实现金流危机有一个明显的特征,即当公司持有的现金低于一个界限时,现金流就可能会突然消失。这是因为当公司陷入了危机时,其上下游公司为了规避风险,会进一步挤压公司的现金流空间。比如,客户担心公司无法交付产品,开始小批量采购;供应商担心公司无法支付货款,开始下调给公司的账期和信用额度。最可怕的是公司内部的人心开始涣散,团队成员开始另谋出路,寻求更好的前程,团队的战斗力消失,公司在这个时候最容易失控。

因此，面对现金流问题，创业者永远要做一名保守者，保证公司账上存有足够的现金。万一公司不幸陷入现金流危机，创业者必须在3天内转到应急状态，在30天内解决现金流失衡问题，防止更多的现金流失。

金总是某初创公司的创始人，他在公司资金充裕的时候，对外投资了几个有前景的项目。然而，这几个项目却同时出现了问题，导致资金无法收回，让公司陷入了现金流危机。对此，金总布置了3项工作：第一，通知出纳停止所有付款，不管是否已经批准；第二，通知财务总监在两个小时之内测试现金流的状态，预测现金流中断的时间；第三，要求财务总监在一天内统计出公司未来3个月的成本。

金总在遇到现金流危机后迅速将公司调整到了应急状态，预测现金流能够支撑的大致时间和公司未来30天需要支付的大额款项，能够让其快速掌握公司的资金状况。接下来就要让财务部门精算现金流状态。通过现金流控制预测表，统计未来3个月需要支付的成本，明确列出供应商、支付时间、负责部门。财务部在制作表格时，需要与所有有付款需求的部门沟通，防止遗漏信息。财务部门还要与销售部门沟通，预测未来3个月的销售情况，从而知晓现金流入的状态。

财务部对现金流控制预测表的加工一定要准确细致，因为这张表格是接下来控制现金流的依据。这张表格每天都需要更新，创业者和财务部门每天都要研究，但要对其他人保密，以防人心涣散。

16.3 砍掉40%的支出

一个公司要想实现高利润，可以采取两种方法：一是增加收入；二是降低成本。对于公司而言，成本每降低10%，利润就会增长很多，而且降低成本也是在降低风险。那么，创业者具体应该怎么做才能将成本压缩到最低呢？

1 砍掉多余的预算

创业者要制定预算制度，同时要保证预算制度有法律效力，预算出来之后，利润也会随之而出。

2 砍掉冗余的组织

创业者在砍掉时要快刀斩乱麻，同时还要引导全体员工参加进来，引入"利润导向、客户导向"的理念，组织全体员工进行学习和研讨。创业者要重组产品研发、销售、订单交付这三大流程，将组织机构设置扁平化，不设副职，明确职责；同时还要减少组织机构层次，对每个岗位进行量化，把每个部门变成利润中心。

3 砍掉多余的人员

创业者要给公司的每个员工设定明确的目标，将工作任务量化，进行明确的考核，减少人力浪费。

4 砍掉多余的库存

创业者要设定最低的库存标准，尽量做到零库存；与供应商保持通畅的沟通，做到循环取货；与供应商建立良好关系，确保优先送货等。

5 砍掉一定的采购成本

创业者要关注3个核心：业务、产品及客户，在不影响公司正常发展的前提下，适度地砍掉采购成本，有利于减轻公司的负担。

6 砍掉不必要的固定资产

砍掉固定资产时要干净利索，固定资产的增加会占用公司大量的资金，不管使用与否，它每天都会有大量的折旧与磨损；另外，随着技术不断升级，固定资产也会产生更多的维护费、修理费。

虽然现在的沃尔玛是世界500强企业之一，但很少有人注意到，沃尔玛作为一个公司，其实和中国本土的一些公司有很多共性：劳动密集型企业、没有高科技的外衣、追求低成本等。沃尔玛是如何压缩成本的？

主要有4个方面的经验值得人们借鉴。

（1）从上到下贯彻节约观念。沃尔玛没有华而不实的办公场地、办公设备，始终坚持"合适的才是最好的"。每到销售旺季或者节假日，沃尔玛的经理们都会穿着西装在销售一线直接为顾客服务，而不像其他公司那样增加员工或者招聘临时工。节约是沃尔玛自创立以来一直保持的一种观念和传统。

（2）直接采购。沃尔玛绕开中间商，直接从工厂进货，大大减少了进货的中间环节，为降低采购价格提供了更大的空间。因为每经过一个中间商，价格至少要高几个百分点，甚至十几个百分点，而避开中间商就能把这些支出从成本中挤出来，从而使沃尔玛在价格上比其他竞争对手更有优势。

（3）统一配送。沃尔玛实行统一订货、统一分配、统一运送。为此，沃尔玛建立了配送中心，每家分店只是一个纯粹的卖场。供货商将货物送到配送中心之后，配送中心在48小时以内将装箱的商品从一个卸货处运到另一个卸货处，而不会在库房里消耗时间。这种类似于网络零售商"零库存"的做法使沃尔玛每年可以节省数百万美元的仓储费用。

（4）运用高新技术，有效协调货物配送。沃尔玛投入4亿美元发射了一颗商用卫星，实现全球联网，以先进的信息技术保证高效的配送。通过全球联网，沃尔玛总部可以在一小时内全部清点一遍全球4000多家分店的每种商品的库存量、上架量以及销售量，公司总部可以迅速掌握销售情况，及时补充库存，降低存货，减少资金成本以及库存费用。

从沃尔玛的案例中我们可以看到，节约成本对公司而言有非常大的效用。创业者要把多余的成本当成毒瘤砍掉，不断向员工强调降低成本的重要性，使全员参与并树立节约意识，将降低成本与公司发展密切联系在一起，最终实现高利润率。

16.4 砍掉无法直接盈利的模块

公司在发展过程中总会遇到瓶颈，创业者感觉运营成本一直高涨，却又无法找到成本产生的确切位置，这就是人们常说的隐形成本。隐形成本如同身体中暗疾，无法直接为公司带来盈利，又挥之不去，让很多创业者颇为头疼。如果能砍掉这些无法盈利的模块，杜绝浪费，那么公司的利润一定会有一个质的飞跃。

1 砍无效沟通

公司的运营离不开沟通，很多公司都有制度培训和文化培训，却没有沟通能力培训。在大多数公司，同事之间的沟通效率往往很低，这让很多工作成为"无用功"，不仅会给公司带来隐患，还会导致成本增加。

2 砍无效加班

加班会产生高成本的理由有以下3个。

（1）加班的原因只有很少一部分是由于工作任务太重，而大部分原因是员工的工作效率低下。如果工作任务的确很重，那么公司应该考虑扩招人员，这样才能促进公司正常发展。

（2）加班会消耗员工更多的精力和体力，透支员工的健康。长此以往，一些重要的员工反而不能有效发挥其作用，从而给公司带来更大的隐患。

（3）加班员工不一定"务正业"。有些员工名为加班，其实是在利用公司的资源做自己的私事，还领取了公司的加班费。大部分的公司重要数据丢失事件都发生在下班后，加班毫无疑问已经成为职场"藏污纳垢"的死角。

3 砍人员流失

创业公司往往存在管理体制不健全的问题，缺乏人力资源管理能力。很多创业者甚至认为人才是无限的，公司是"铁打的营盘"，而员工是"流水的兵"。事实上，每个员工的离开都是公司的一笔沉没成本，因为公司不仅承担了员工在职时的培训费、招聘费、试用期的工资，还要承担老员工离职带走内部资料或信息的风险。另外，老员工离职后很可能会进入竞争对手的公司，从而帮助竞争对手削弱本公司的市场竞争力。因此，老员工的离职无疑会给公司带来高出其收入几倍的支出。

4 砍劣质客户

客户虽然是公司的衣食父母，但创业者也不能放低姿态无限满足客户。对劣质客户，创业者一定不能再往来，对欠款记录较多的客户要坚决"封杀"，否则公司账面上就只能剩下应收账款，而没有余额。另外，对信誉良好的客户，创业者要更注重服务质量和产品质量，争取与其保持长期合作关系。

5 砍非必要花费

在公司运营过程中，浪费无处不在。创业者应从日常开支入手，砍掉一些不必要的花费，如电话费、办公设备费、额外的差旅费、招待费等。这样积少成多，也能为公司省出一大笔钱。

6 砍低效会议

会议是公司解决问题时的集体活动，但是成本很高。因为开会时与会人员都要放下自己的工作，每过一分钟，与会人员就少创造一分钟的价值。另外，很多管理人员并没有开会的技巧，常是会前无准备，会中无内容，会后无结果，最后不仅浪费了大家的时间，还拖慢了工作进度。因此，创业者必须砍掉不必要的会议，缩短会议时间，提高会议效率，注重解决问题，而不是讨论问题。

16.5 砍、裁、撤的极限

市场瞬息万变，没有一家公司能永远盈利。创业者的公司要能赶得上顺风时期的红利，自然也要禁得住逆风时期的考验。明确公司成本砍、裁、撤的极限，在逆境中快速决断，挽救现金流，是一个创业者的必备生存技能。

1 看得见的财务成本

现在的年轻人中有很多月光族，他们的收入不一定少，只是因为平时不会计算，也没有想过遇到特殊情况怎么办，所以才会"月光"。如果特殊情况发生在个人身上，也只是影响个人一时的生活质量；公司则不同，公司如果平时储备不足，一旦遇到变故，很可能就是灭顶之灾。小微企业的平均寿命不足5年，这也是重要原因之一。

创业者只有明确公司成本砍、裁、撤的极限，才能在发生变故时最大限度地节约成本，保证现金流不会断裂。公司财务部每周的报表可以反映出一些看得见的财务成本，如物业费、培训费、接待费、打印耗材费等，创业者需要认真比对，找出不必要的开支，标记公司的"出血点"，从而找出公司的成本极限，做到不必要的钱一分也不乱花。

2 看不见的时间与效率成本

直接成本不难找到，但公司其实还有很多隐藏的"出血点"。例如，有的公司位于北京三环内，看起来宽敞便利，但其实很多员工住在燕郊、六环外，每天上班需要耗费一两个小时，而且市中心办公楼的房租、水、电等直接成本也比较高。这时创业者就需要考虑这个办公室是否为必需品，是不是换一个位置靠近郊区的办公室反而更有助于提高员工的工作效率呢？

创业者需要把整个公司的业务进行更详细的拆解，细化为不同的子项目，最好每个子项目都对应着一个岗位的职责，包括个人工作任务和小组协作任务，这不仅有助于公司压缩办公成本，还可以减少时间和效率的损失，同时也可以推动公司业务数据化的形成。

创业者还要建立公司的体检表，找出各个子项目的潜在问题，并按照部门将这些问题划分出重要和紧急的程度：A为重要且紧急的问题，需要立刻解决；B为紧急但不重要的问题，尽快解决即可；C为重要但不紧急的问题，需要制订计划慢慢解决；D为战略性问题，需要贯穿工作的始终。创业者按照这张体检表，砍掉不必要的工作，让更多的员工只为核心工作服务，既可以提高工作效率，又可以避免公司组织机构的冗余。

第 17 章
年轮生长：由松到密，每一步都算数

面对如今紧张的市场环境，很多创业公司都想"一口吃胖"。这种想法其实是不对的，如果公司基础不牢靠，规模即使扩得再大也是空中楼阁。因此，创业者要脚踏实地地发展，一步一步将公司做大、做强。

📂 17.1 无根之木，即使爆发也不长久

有一家基本规模能达到区域性资源垄断的公司在一味地扩张后，终于遇到了危机。该公司的现状是人员大批流失，业务量减少，盈利能力下降，团队信心丧失，而公司领导却还在大谈战略目标，没有采取任何风控措施。

互联网时代，难免会出现一些独角兽公司，短短几年就能创造巨大的价值，但这终归是少数。创业者不能只看到这些公司的成功，就一味想着把公司做大，而忘了建立公司的根基。根基不稳的公司，即使站在了市场的"风口"上，也不能真正长久。

经营公司是一项综合性的工作，它的内容包括制定业务流程、安排分工、招聘人才、激励员工等。创业公司大多数处于成长阶段，存在着各种各样的问题，如果只是"头痛医头，脚痛医脚"，没有系统处理问题的方法，没有稳固的根基，那么在危机来临时，只能接受被淘汰的命运。下面是建立公司根基的3种办法。

1 职责分工要明确，梳理流程是关键

组织虽然是由人构成的，目的是完成单人无法完成的事，但是一群人在一起并不能算作一个组织，如果没有合理的流程和分工，那么群体的力量并不一定大于个体的力量。建立流程是为了明确每个环节上的人和事，使"所有事有人干，所有人有事干"，只有组织内每个人都知道自己该做什么，怎么做，才能真正提高集体的工作效率。

有些领导意识不到流程的重要性，认为自己讲明白了，大家自然知

道怎么做，然而事实是大家对这件事的理解都不一样，只按照自己的理解办，导致团队成员无法相互配合。因此，制度是要围绕流程制定的，否则就都是"拍脑袋"制度。

所以，很多成功的公司都会将流程细化，用统一的标准规范人的行为。对创业公司来说，"效率"和"成本"同样重要，管理成本越低，效益就越大。流程作为公司处理工作的基本准则，是公司的一项重要根基，它让每一项工作都拥有了标准化的解决方案，保证了工作的平均质量。

2 "一以贯之"的执行力，需要"刚性"推动

保证流程和制度的执行，需要的是"刚性"，即"对必奖，错必纠"。然而有些公司却缺乏这种"刚性"。缺乏"刚性"的原因如下。

（1）领导自控能力差，不能约束自身，导致公司制度只用于约束员工。

（2）目前的流程制度"不适合"，但因修改工作太麻烦，没有及时纠偏，导致流程和制度形同虚设。公司制度朝令夕改的原因正在于此，因为流程和制度不合适，所以在做每项工作时领导都会对制度做出调整，这样会使员工"无所适从"，对自己的工作缺乏掌控感；再加上沟通不畅，员工就会变得在工作时倾向于等待领导决策，从而失去主动性和创造性。

因此，"一以贯之"的执行力不仅是公司的管理规范，更是公司的文化。工作执行不到位，会导致公司的产品或服务质量下降，影响公司的长远发展。

3 用数据支持决策

数据的积累和分析应用是大多数创业公司的软肋，很多创业者以没有时间为由，放弃了统计数据，殊不知数据与人的主观印象是存在差距的。一家创业公司的员工和老板加班加点工作了一年，营业额提高了不少，但利润却没有增加，后来创业者请专业人士给公司做了数据分析，发现全年公司人员的有效利用率竟然不足20%，可见公司"忙不忙"不是个人说了算的。

缺乏数据支持而仅凭主观印象作决策，会使创业者在作出判断时很难做到客观公正。例如，一位员工的业务能力受到上级的一致好评，领

导决定给其大幅加薪以资鼓励，但后来发现该员工并没有做出促进营业额增长的实际的业务，而好评仅是以上级对其言行的主观判断为依据的。如果给这样的员工加薪鼓励，可想而知会给其他员工带来怎样的激励导向。

没有人可以仅依靠感觉就能准确判断公司中员工的贡献大小、工作流程中容易出问题的环节、客户容易转化的渠道等问题的答案。对此，创业者需要利用数据思维，从客观的数据中寻找答案。

数据是互联网时代的财富，很少有人能做到完全脱离它而生活，公司也不例外。创业者需要养成收集、分析数据的习惯，依据客观条件作决策，才能使公司脚踏实地地发展。

17.2 精益创业，每天都用心工作

在"大众创业，万众创新"的时代，创业公司如雨后春笋般涌现。它们面临的问题是虽然花费了大量的时间、金钱和精力，但还是不能及时做出用户想要的产品，最终只能以失败告终。为了解决这一问题，硅谷创业家埃里克·莱斯（Eric Rise）提出"精益创业"的概念。该概念的核心观点是避免生产无人想要的产品，提高创业的成功率。

精益创业的核心思想源于"精益生产"的理念，通过"验证性学习"模式，首先向市场推出极简的原型产品，然后积极收集用户的反馈信息，经过不断地试验和改进，最后以最小的成本和最有效的方式验证出原型产品是否符合用户的需求。如果原型产品被用户认可,这时就要乘胜追击，不断地挖掘用户的痛点需求，迭代优化产品，以帮助创业者在创业的过程中最大限度地达成"产品/市场匹配"；如果在验证过程中产品不符合市场需求，那么公司就可以以快速、廉价的方式失败，而不用在付出昂贵代价后仍以失败告终。

为了让创业者了解精益创业的精髓，博客之父彼得·梅尔霍尔兹（Peter Merholz）曾用婚礼蛋糕的制作流程向创业者演示传统蛋糕的制作和精益创业蛋糕的制作两种做法，帮助创业者理解什么是精益创业。

传统婚礼蛋糕的制作方法是：在烘焙婚礼蛋糕之前，首先准备好烘焙蛋糕需要使用的各种材料；然后把蛋糕底做出来，在蛋糕底上把蛋糕配料慢慢垒高；最后根据婚礼蛋糕的模型把蛋糕刻画出来，加上糖霜。按照传统的做法，婚礼蛋糕只有完成制作的最后一步，才能拿到婚宴上食用。简单来说，就是婚礼蛋糕在全部完成后才能投放到市场中，接受市场的检验。

创新型婚礼蛋糕的制作方法是：先用最少的时间和材料，按照创新思路做一个简单的杯型蛋糕；然后让用户品尝，收集用户的反馈意见；根据用户的反馈意见再去生产加工一个杯形蛋糕，再次给用户品尝并收集反馈。如此反复检验，直到找到真正满足用户需求的"秘方"。最后，公司就可以趁热打铁，用"秘方"批量生产正常大小的婚宴蛋糕，并迅速投入市场。

通过对以上两种制作方法进行比较，我们不难发现，两种制作方法的关键区别在于获得用户反馈速度的快慢。按照传统制作方法，在完全做出婚礼蛋糕之前，制作者并不能快速验证该蛋糕是否受欢迎，所以这种创业方式有很多不确定性；精益创业模式则能以最小的消耗、最短的时间获得用户的反馈意见，便于公司及时调整研发方向。

与用户第一次亲密接触是在产品投放到市场以后，这是传统生产模式的一大弊端，也是初创公司容易失败的原因。因为对于创业公司来说，资金和资源都是有限的，在投入大量的资金之后，创业者很难再推倒重做，这就使创业成为一场赌博。因此，创业者要尽早将创意变成产品投放市场，让用户进行验证，尽可能将这种不确定性降到最低，才能保证公司的长久发展。

在中国，精益创业的理念越来越受创业者青睐，创新工场董事长兼CEO李开复曾多次在微博和论坛中向创业者推荐精益创业的理念。他还说："我看到精益创业的方式在每一天的实践中被验证、被传承、被传播。过去，它缔造了Facebook（现已更名为Meta）、Twitter等强大的、崭新的科技公司；未来，它将不断影响、渗透、改变创业者，促使他们缔造的公司更加人性化、更加智能化、更加有爱、更加成功……属于这一代创业者的传奇才刚刚开始，苹果、谷歌、Facebook的颠覆者一定会在精益创业模式下诞生。"

可见，精益创业的理念确实对创业公司非常有帮助。创业是一个由松到密、每一步都要脚踏实地的过程，因此创业者要摒弃一步登天的思维，将创业的具体工作分成许多微小的部分，一步一步去实现最终的目标。

17.3 将 8 个小时全部用在工作上

小张和小王是同一家公司的员工，两个人同一时间进入公司，又在同一部门，因此关系很好。平时工作中两个人互相帮助，小张做得快一点，就会替小王分担他的工作；小王虽然工作起来没有小张快，但做事认真负责。领导对二人都很看重。

领导想从两个人之中选出一个部门经理，一开始很难作出抉择，后来发现，小张的工作总是比小王做得快一点，认为小张肯定能帮自己分担更多工作，于是就将小张升为部门经理。小王虽有些不服气，但领导说的的确是事实，自己也不好再说什么。

在上述案例中，小张和小王的区别是小张更擅长管理时间，所以工作效率更高。有的创业者总是大呼自己"忙"，下了班之后还要再加班，却没有想过是不是自己没有把上班的时间利用好？每家公司的上班时间一般都是 8 小时，如果创业者能充分利用这些时间，至少做到高效工作 6 小时，那是不是比拖拖拉拉加班到凌晨要好？

1 突破自己的现有圈层

每个人的时间都很宝贵，进行合理的时间管理可以刷新自我认知，突破现在的圈层，朝着更好的自己去迈进。创业者自身的格局也会影响公司的发展，如果创业者对自身的认识不到位，很可能会高估或低估自己的能力，导致决策失误。

2 提升自己的工作效率

工作效率不仅与时间管理能力相关，还与逻辑分析能力、学习能力相关。但学会时间管理可以清晰地知道自己完成工作耗费的时间，从而清楚地认识到自己的工作效率。认清自己的工作效率有助于创业者制订合理的工作计划，从自己开始规范公司的工作流程。

3 追求更大的发展空间

在创业路上，创业者需要不断充实自己，积累知识，提高自己的能力，从而更好地经营公司。如果创业者每天要被工作占据所有时间，那何谈学习和提高技能呢？学会时间管理，在工作时间高效地完成工作，不仅能留出时间充实自己，还能劳逸结合，以更饱满的状态投入工作。

17.4 用研究的方法去做工作

作为一家公司的创始人，创业者的工作态度不能是交差了事，而应是仔细钻研，用研究的方法将每一次完成的工作重新梳理，寻找出更好的解决办法和归纳出此类工作的基本规律，以促进之后的工作更快、更好地完成。

创业者A做了一次微信公众号互推，但是互推之后的效果并不是很好。于是，他对自己的这一次工作进行了如下研究。

（1）目标回顾：分别与5个同类微信公众号互推一次，最终实现为微信公众号涨粉1000人。

（2）结果评估：邀请的8个同类微信公众号中有5个微信公众号同意互推，互推稿发布后，微信公众号增加了300个粉丝，约完成了目标的30%。

（3）亮点总结：因合作的微信公众号类型相近，故粉丝获取过程很顺利，大部分粉丝属于精准粉丝，质量很高。

（4）缺点总结：新增粉丝数量明显不足，涨粉效果不明显。

（5）原因分析：涨粉目标并不算高，但获取粉丝的形式只有"集体互推"这一种，较为单一。对此，可以利用自身资源换取更好的互推形式，从而吸引更多粉丝。

（6）规律总结：在做类似工作时，要结合当下的环境设置合理的目标和策略，不能固守以往的经验。特别要根据自家微信公众号的特点来制定策略，选择最佳渠道，既要保证粉丝数量，又要保证粉丝质量。

用研究的方法做工作，不仅是对工作的复盘，还是延伸。明确了工作中的不足，才能制定更有效的执行策略。除此之外，创业者还要储备相关的知识，经营一家公司，需要具备行业、管理、财务、市场、政策等各个方面的知识。如果不能及时回顾，做到总结和积累经验、查漏补缺，那么创业者在作决策时将会非常受限。